Doreen Virtue e Grant Virtue

ANGELI DELL'ABBONDANZA

11 messaggi dal Cielo che ti aiutano
a manifestare ogni forma di abbondanza

MyLife

Published and distributed in the United States by Hay House, Inc.
Titolo originale: *Angels of Abundance. Heaven's 11 Messages to Help You Manifest Support, Supply, and Every Form of Abundance*

Sintonizzati con Hay House su:
www.hayhouseradio.com

www.mylife.it

Coordinamento editoriale: Katia Prando

I Edizione: Ottobre 2015

My Life srl - Via Garibaldi, 77 - 47853 Coriano di Rimini
ISBN 978-88-6386-297-3

Gli autori di questo libro non dispensano consigli medici né prescrivono l'uso di alcuna tecnica come forma di trattamento per problemi fisici e medici senza il parere di un medico, direttamente o indirettamente. L'intento degli autori è semplicemente quello di offrire informazioni di natura generale per aiutarvi nella vostra ricerca del benessere fisico, emotivo e spirituale. Nel caso in cui usaste le informazioni contenute in questo libro per voi stessi, che è un vostro diritto, gli autori e l'editore non si assumono alcuna responsabilità delle vostre azioni.

INDICE

A Dio, fonte divina di abbondanza
per ciascuno di noi

Introduzione agli Angeli dell'Abbondanza

L'abbondanza è la condizione naturale del nostro spirito; siamo costantemente circondati da esseri divini che vogliono proteggerci e nutrirci, aiutandoci a sviluppare le nostre potenzialità. Questi esseri assumono nomi diversi e ricoprono vari ruoli, ma comunemente vengono chiamati *angeli*.

L'abbondanza, in realtà, è una *sensazione* di sicurezza e protezione. L'abbondanza non ha nulla a che fare con la consistenza del nostro conto in banca né con la gestione delle nostre finanze. Dopotutto il mondo è pieno di persone che, pur essendo molto ricche, continuano a tormentarsi per il denaro.

Abbondanza significa semplicemente che ti senti sicuro sul piano economico nella tua vita presente e futura. Una sensazione che vale moltissimo. Ma, certo, l'abbondanza include anche la capacità di far fronte alle spese ordinarie senza difficoltà.

L'abbondanza si riferisce anche a una ricchezza in termini di tempo, idee, fiducia, amore e a tutte le condizioni positive che riesci a immaginare. Quando attingi al suo flusso, l'abbondanza si manifesta in tutti i colori dell'arcobaleno.

Il nostro Creatore ha plasmato ogni cosa in abbondanza e genera continuamente nuove forme di abbondanza. L'abbondanza è *così* naturale che bisogna ricorrere a misure straordinarie per arrestarne il flusso! In questo libro imparerai a identificare e a far cessare quei comportamenti di sabotaggio in modo da poter godere di un flusso di abbondanza che potrai condividere con le persone che ami e con gli enti benefici che più ti stanno a cuore. Imparerai tutto ciò che devi sapere sul contratto divino che ti garantisce che sarai abbondantemente supportato mentre realizzi lo scopo della tua vita.

Tu, come tutti, hai uno scopo importantissimo nella tua vita e solo tu puoi realizzarlo. È un servizio che hai accettato di svolgere in questa esistenza per aiutare gli altri. Il tuo scopo è una professione o un'attività che ti piace, che ti viene naturale e che trovi appagante. Di solito ha a che fare con un tuo sogno o con qualcosa che ammiri nelle persone che operano in quell'ambito.

Nei nostri viaggi in giro per il mondo, abbiamo incontrato migliaia di individui di talento che sognano di realizzare lo scopo della loro vita lavorando come guaritori, maestri spirituali e così via. Sognano di aiutare i bambini, l'ambiente, le donne o di sostenere una causa a cui tengono molto.

Purtroppo molte persone che vorrebbero dedicarsi a cause benefiche si trovano a dover investire tempo ed energie in lavori che per loro non hanno alcun valore o che sono addirittura dannosi, solo per potersi mantenere.

Inoltre, la ricchezza nel mondo sembra distribuita con enormi sperequazioni, e purtroppo alcune delle persone più abbienti usano il loro potere economico in modi che risultano nocivi per l'umanità, gli animali e l'ambiente.

Nella nostra visione, invece, le persone votate alla spiritualità, al senso etico e all'amore manifestano sufficiente ricchezza e influenza materiale da impiegare a favore dell'umanità, degli animali e dell'ambiente. La nostra visione riguarda individui interessati a rendere il mondo un posto migliore, più che a ottenere guadagni personali.

Immagina di avere denaro sufficiente per fare donazioni a enti benefici e per aiutare la tua famiglia. Immagina di non dovere più preoccuparti del denaro. Immagina di sentirti sicuro e protetto sul piano economico. Bene, *puoi* trasformare queste fantasie in realtà. Migliaia di persone lo hanno già fatto e puoi farlo anche tu!

Abbiamo deciso di scrivere questo libro per spiegarti come chiedere tutto il supporto che ti serve per dedicarti allo scopo della tua vita. Non è necessario che tu soffra per guadagnare! Puoi focalizzarti sul servizio al prossimo riuscendo comunque a far fronte alle tue responsabilità. Se senti il bisogno di avere più denaro, tempo, fiducia, idee, contatti o opportunità, o se ti serve qualche altra risorsa, noi ti aiuteremo ad attingere alla tua abbondanza naturale.

L'espressione *Angeli dell'Abbondanza* si riferisce a quegli angeli in particolare che ci assicurano che la nostra missione divina qui sulla Terra non verrà ostacolata dalla mancanza di risorse. Gli angeli sanno che abbiamo bisogno di un supporto materiale per realizzare lo scopo della nostra vita e sono in grado di aiutarci a ottenere questo tipo di sostegno. *Non c'è nulla di sbagliato nel chiedere al Cielo di aiutarci in ambito finanziario o a soddisfare altre necessità materiali per poterci dedicare ad aiutare e a guarire gli altri.*

La prima volta che (io, Doreen) ho incontrato gli Angeli dell'Abbondanza stavo svolgendo una lettura a un seminario in Colorado. Una donna si è alzata e ha chiesto come poteva procedere per realizzare lo scopo della sua vita. Lamentava di non avere tempo per cominciare la professione di guaritrice che sognava di intraprendere, perché tutte le sue giornate e tutte le sue energie erano risucchiate da un lavoro che non le dava soddisfazione e le serviva solo per mantenersi.

In quello stesso istante, intorno a lei ho visualizzato un gruppo di angeli: comunicavano che la stavano aiutando proprio a liberarsi da quella trappola, in modo che potesse intraprendere il lavoro di guaritrice. Questi angeli si muovevano rapidi e sembravano intenti a disintossicare il suo campo energetico dalle preoccupazioni che la tormentavano. Mi ricordavano i raccoglitori di mele, ma invece che frutti rimuovevano quelli che apparivano come coaguli di grasso e sporco. Mostravano che quei coaguli erano il risultato delle energie legate alle sue preoccupazioni e frustrazioni. Ho capito che quegli angeli erano degli specialisti e sono entrati nella mia mente con un nome particolare, "Angeli dell'Abbondanza", come ho riferito alla donna.

Attraverso la mimica e le parole che ho percepito sia come pensieri sia come formulazioni verbali, gli Angeli dell'Abbondanza mi hanno spiegato che la trappola finanziaria in cui era caduta la donna derivava dal suo eccedere nelle spese. Cercando di compensare il suo senso di frustrazione si concedeva uno shopping sfrenato, contraendo così forti debiti con la carta di credito. Lo ha confermato lei stessa. Con il messaggio successivo, gli Angeli dell'Abbondanza hanno chiarito che lo shopping compulsivo era il suo tentativo di colmare un vuoto interiore. Quel senso di vuoto derivava dall'insoddisfazione dovuta al fatto che non stava lavorando per lo scopo della sua vita. La donna si trovava dunque in un circolo vizioso, per cui doveva continuare a svolgere quel lavoro insoddisfacente per far fronte alle spese dovute proprio alla frustrazione che le procurava il suo impiego.

Mentre annuiva, la donna ha cominciato a piangere. Come tutti, aveva già sentito i messaggi dei suoi angeli (ciascuno di noi li sente!).

Sapeva che le sue spese erano fuori controllo e che gli interessi sui pagamenti effettuati con la carta di credito la tenevano intrappolata in un lavoro frustrante.

Ha promesso di rivolgersi a un consulente per la gestione dei debiti e di rinunciare agli acquisti a rate per evitare la tentazione di fare spese superflue. Ha anche ascoltato la guida dei suoi angeli sui modi più sani per colmare il suo vuoto interiore, come la preghiera, la meditazione, il tempo trascorso in mezzo alla natura, le attività creative e svolgendo part time il lavoro di guaritrice.

Dopo quel seminario, sono entrata in contatto con gli Angeli dell'Abbondanza per conto di molti miei clienti e allievi e ho imparato le loro lezioni, che espongo in questo libro. Ho visto gli angeli asportare i coaguli energetici dovuti alle preoccupazioni finanziarie e alle relative amarezze. Somigliano a grumi di grasso, oleosi, come quelli che capita di vedere sotto un'automobile. Non è piacevole averli nel proprio campo energetico, soprattutto perché attraggono proprio la cosa che ci preoccupa di più!

Con l'aiuto degli Angeli dell'Abbondanza, puoi liberarti di queste energie tossiche ed evitare le preoccupazioni legate al denaro. Oltre a questi angeli specializzati, per ottenere il supporto che ti serve puoi invocare anche gli arcangeli.

- Arcangelo Raffaele, l'angelo guaritore che protegge la nostra salute fisica, emotiva e mentale consentendoci di avere sufficienti energie per lavorare sullo scopo della nostra vita. Inoltre guida e supporta i guaritori e gli aspiranti guaritori nella loro formazione e nello svolgimento della loro attività.

- Arcangelo Michele, che ci protegge e ci libera dagli effetti della paura e della preoccupazione; conosce i dettagli dello scopo della nostra vita e può offrirci una guida specifica sul passo successivo da compiere nel nostro cammino.
- Arcangelo Metatron, che ci aiuta a comprendere le energie universali e a lavorare con loro, per esempio con la manifestazione istantanea e piegando il tempo a nostro favore.
- Arcangelo Raziel, che è in grado di eliminare i blocchi e le paure inconsce basati su ricordi di vite passate.
- Arcangelo Jophiel, che ci aiuta a elevare e a rendere più belli i nostri pensieri in modo tale che possiamo attrarre le esperienze più belle.

Questo libro tratta delle lezioni che abbiamo appreso e dei messaggi che abbiamo ricevuto dagli Angeli dell'Abbondanza: ora vogliamo insegnare *a te* tutto ciò che gli Angeli dell'Abbondanza hanno insegnato a noi. Tutti possono impadronirsi di queste tecniche rapidamente e applicarle con efficacia.

Tutte le informazioni contenute in questo libro appartengono alla conoscenza innata che è insita in ciascuno di noi. Quando arriviamo sulla Terra, possediamo già questo tipo di conoscenza, ma poi gradualmente la dimentichiamo; tuttavia, la velocità con cui la si perde non è identica per tutti. Queste informazioni possono anche essere conservate e nuovamente apprese dedicandosi metodicamente alla meditazione e alla preghiera. Inoltre, molte di quelle nozioni si possono recepire osservando i bambini o leggendo i testi antichi in nuovi modi. Alcune persone preferiscono che quelle informazioni siano presentate con semplicità e senza dogmi, e ci prodigheremo proprio in questo senso.

Un concetto molto importante, che è bene ripetere, è che ciascuno di noi ha in sé il potere di essere supportato in abbondanza come desidera. Nessuno di noi deve più ritrovarsi oppresso e tormentato dalla povertà, neanche per un solo giorno. Tutti possiamo guadagnare denaro a sufficienza per soddisfare le nostre necessità, senza dovere per questo vendere l'anima. E non dobbiamo agire in modo subdolo o disonesto per accumulare ricchezza. In realtà, questi modi di agire fanno sì che la ricchezza accumulata *abbandoni* la persona immorale.

Nelle comunità più povere certe persone forse non hanno mai avuto l'opportunità di attingere a questa saggezza, e se qualcuno provasse a impartire loro questi insegnamenti, forse non crederebbero nella possibilità di una vita migliore. Perciò auspichiamo che, quando applicherai i princìpi esposti in questo libro, vorrai condividere la tua nuova ricchezza con persone meno fortunate di te. La condivisione, infatti, fa parte delle lezioni impartite dagli Angeli dell'Abbondanza, come leggerai in seguito.

In questo libro usiamo espressioni spirituali come *Dio*, il *Cielo*, il *Creatore*, l'*Universo*, lo *Spirito Divino*. Sentiti libero di cambiare questi termini e di usarne altri che siano in sintonia con la tua fede o le tue convinzioni personali. Dopotutto, queste parole significano sostanzialmente la stessa cosa: *amore*.

Angeli dell'Abbondanza si rivolge a chi vuole ottenere la libertà di lasciarsi alle spalle occupazioni, relazioni o altre situazioni nocive, per potersi dedicare a un lavoro di guarigione e di servizio agli altri.

Infine, questo libro è indirizzato in particolare a chi, vedendo il volume in libreria, ha pensato al suo prezzo: quando avrai terminato la lettura di queste pagine, i pensieri relativi alla mancanza di risorse e alle restrizioni dovrebbero essere usciti dalla tua coscienza e dal tuo vocabolario.

Noi preghiamo affinché il viaggio che stai per intraprendere sia accompagnato da molte benedizioni. La persona che sei mentre leggi questa Introduzione non sarà la stessa che leggerà la Postfazione: non potrai finire questo libro senza sperimentare una rivelazione che ti offrirà gli strumenti per manifestare i tuoi veri desideri. Se stenti a crederci, continua a leggere, scoprirai presto di possedere la fiducia e la conoscenza necessarie per ottenere tutto ciò vuoi, e anche di più!

PRIMO MESSAGGIO

CHIEDI AIUTO

La prima lezione impartita dagli Angeli dell'Abbondanza è *chiedere aiuto*. Può sembrare una cosa ovvia, ma spesso viene trascurata ed è questo il motivo per cui molte persone soffrono inutilmente. Se non chiedi aiuto, nessuno – nemmeno Dio – può aiutarti: la Legge del Libero Arbitrio rispetta il tuo diritto di scegliere il percorso di vita che preferisci, perciò Dio e gli angeli non possono intervenire senza il tuo esplicito consenso. Ciò significa che devi *chiedere* ciò che desideri.

A prescindere dal tipo di aiuto che ti serve, Dio e gli angeli ti offrono sempre il loro supporto. Nessuna impresa è troppo ardua o troppo banale perché non possano offrirti la loro guida amorevole e il loro sostegno. Devi semplicemente rivolgerti a loro per chiedere che ti assistano.

A volte le persone ci chiedono perché dovremmo parlare con gli angeli quando Dio è facilmente accessibile. La risposta è: Dio e gli angeli sono tutt'uno e non esiste una separazione tra loro. La parola "angeli" significa "messaggeri di Dio". Pensa a loro come a forme di pensiero che promanano dal Creatore. Quando parli a Dio e quando lo ascolti, invii e ricevi degli angeli. Dio è anche tutt'uno con te, con Gesù, con i santi e con chiunque altro.

La richiesta di aiuto agli angeli può assumere molte forme diverse, che dipendono esclusivamente da te e dalle tue convinzioni. Gli angeli sono esseri illimitati e aconfessionali che amano in modo incondizionato. Sono ministri, mediatori e messaggeri di Dio e della sua volontà di pace. Gli angeli possono piegare le leggi fisiche per aiutare coloro che li invocano.

Mentre (io, Doreen) scrivevo *The Miracles of Archangel Michael* [I miracoli dell'Arcangelo Michele] e *The Healing Miracles of Archangel Raphael* [I miracoli di guarigione dell'Arcangelo Raffaele], sono rimasta molto colpita dalle storie di autentici miracoli accaduti a persone che me le hanno riferite per la pubblicazione. Ogni storia riguardava una persona in grave difficoltà che nel momento del bisogno aveva avuto la presenza di spirito di invocare gli angeli. Tutte queste persone, colpite da malattie, vittime di incidenti, aggressioni o addirittura guerre, si erano fermate e avevano pregato per chiedere aiuto.

Le ammiro perché, nelle spaventose situazioni in cui si trovavano, sarebbe stato molto facile lasciarsi andare a urla e imprecazioni. Ma invece di reagire sull'onda della paura, hanno avuto la presenza di spirito di invocare (a mente o ad alta voce) l'intervento divino. E siccome hanno chiesto aiuto, lo hanno ricevuto.

Alcune persone sono restie a chiedere aiuto perché non sentono di meritarlo. Pensano che si debba essere perfetti, simili a santi, per guadagnarsi l'aiuto del Cielo. Se fosse così, *nessuno* lo riceverebbe mai! L'aiuto non è una ricompensa, ma un effetto. La relazione causa-effetto implica che se fai qualcosa (in questo caso la richiesta d'aiuto), poi arriverà l'effetto (l'aiuto che *riceverai*).

Non importa la modalità con cui chiedi l'aiuto del Cielo, l'importante è farlo. Puoi invocare Dio, Gesù, i santi, i maestri ascesi e gli angeli con la preghiera tradizionale, oppure attraverso la meditazione, le affermazioni, la musica, la scrittura o un'altra attività creativa, o ancora esprimendo al Cielo i tuoi sentimenti più autentici in una conversazione a cuore aperto.

Ecco un esempio di preghiera che puoi formulare:

> *"Caro Dio e cari angeli, ho bisogno di aiuto per* [spiega la tua situazione]. *Mi sento* [esprimi i tuoi sentimenti più autentici] *e vi chiedo di aiutare me e tutte le persone coinvolte.*
> *Grazie, amen."*

Dio sa già di cosa hai bisogno, come ti senti e in quale ambito ti serve aiuto. Il motivo per cui è bene pregare è che favorisce il raggiungimento della purificazione e della liberazione. Quando sfoghi le tue emozioni, la loro energia repressa si attenua. È come far uscire l'aria da un pallone troppo gonfio. Il fatto di esprimere i tuoi sentimenti ti offre intuizioni sulle cause del tuo malessere e può portare a delle rivelazioni sulle possibili soluzioni.

Un altro motivo per cui bisogna pregare è che la Legge del Libero Arbitrio prevede che l'aiuto sia espressamente richiesto. È una delle leggi universali che governano il funzionamento di ogni cosa. Siamo dotati del libero arbitrio affinché possiamo compiere delle scelte e in tal modo imparare e crescere.

La tua preghiera può essere formale e convenzionale, oppure sgorgare liberamente dalla tua anima. Puoi esprimerla ad alta voce o formularla nella tua mente (perché il Cielo può sentire i tuoi pensieri). Puoi scrivere la tua preghiera nella forma di una lettera a Dio e agli angeli. Puoi cantarla al Cielo. In un momento di particolare frustrazione, puoi persino urlarla.

Intenzioni cristalline

Spesso, in effetti, i momenti in cui sei arrabbiato sono proprio quelli in cui le tue preghiere vengono esaudite all'istante. Questo accade perché la tua frustrazione ti aiuta a convogliare e focalizzare con chiarezza ciò che stai chiedendo. Gli Angeli dell'Abbondanza ci hanno insegnato quanto è importante mantenere "intenzioni cristalline". Significa che devi sapere ciò che stai cercando.

Quando continui a cambiare idea, le tue capacità espressive sono bloccate. Forse non sai bene cosa potrebbe renderti felice, oppure sei combattuto tra emozioni diverse e senti di non essere meritevole. Per alcune persone, il problema è la mancanza di fede: non credono che i loro desideri possano diventare realtà.

Vediamo come si possono superare questi ostacoli.

Non ti senti sicuro di ciò che vuoi

Se non sai chiedere una cosa nei minimi particolari, non è un problema. Puoi chiedere una specifica *sensazione*. Per esempio sentirti protetto, sicuro sul piano economico, rispettato, appagato e così via. Le condizioni che generano queste sensazioni saranno guidate dall'infinita saggezza di Dio, dunque non devi preoccuparti dei dettagli.

Temi di chiedere la cosa "sbagliata"

Il nostro rimedio per superare questa paura è aggiungere questa preghiera alla tua richiesta d'aiuto:

"Questo, o qualcosa di meglio, Dio."

Questa preghiera riconosce che, per il tuo bene, la volontà divina ha parametri più elevati dei tuoi. Forse tu ti accontenti del minimo indispensabile, ma Dio – il tuo genitore amorevole che ha risorse illimitate – desidera la tua completa serenità.

Quindi chiedi ciò che desideri ma lascia a Dio un ampio margine per migliorare l'oggetto della tua preghiera. Noi stessi abbiamo avuto splendide esperienze pregando per ricevere una guida su cosa chiedere. Chiedi *qualunque cosa* ti serva per essere aiutato, compreso l'aiuto per chiedere aiuto.

Temi di non "meritare" l'aiuto del Cielo

A volte questa paura deriva dagli insegnamenti di religioni organizzate che alimentano il timore e il senso di colpa. Se ti hanno educato a credere che solo le persone speciali o simili a santi possono guadagnarsi "favori" divini, ti invitiamo a dedicare del tempo alla preghiera parlando direttamente con Dio... dopodiché potrai formarti la tua personale opinione. Entrare in contatto diretto con Dio è un diritto naturale di ciascuno di noi. Essendo amore al cento per cento, Dio si prende cura di te in modo incondizionato. Non devi guadagnarti l'amore e l'aiuto di Dio, perché vengono concessi gratuitamente a tutti noi, senza che sia necessaria nessuna abilitazione.

Alcune persone tendono a sminuirsi perché hanno una scarsa autostima. Temono di infastidire gli altri, persino Dio, con i loro problemi. Perciò soffrono da sole, in silenzio. Ma non è forse confortante ricordare che Dio è onnipresente (ovunque, con chiunque, simultaneamente)? Non è forse incoraggiante sapere che non è possibile "infastidire" Dio con le proprie richieste, perché l'infinita saggezza del Creatore è onnisciente (conosce ogni cosa)?

Temi di essere "egoista"

Se ti hanno insegnato a non chiedere nulla per te stesso, è probabile che tu sia riluttante a invocare l'aiuto del Cielo. Ma puoi riconsiderare la paura di essere egoista ricordandoti quante persone, animali e giuste cause possono trarre beneficio dalla tua nuova abbondanza. Più ricevi, più puoi dare.

Il tuo ricevere non toglie nulla agli altri. Nella realtà spirituale, c'è un'infinita disponibilità di ogni cosa, e potresti essere proprio *tu* la persona che aiuterà a distribuire in modo equo la ricchezza!

Mancanza di fede

Se non credi che le tue preghiere riceveranno risposta, è probabile che non voglia nemmeno formularle. Forse sei rimasto deluso perché a volte in passato le tue richieste non sono state esaudite. Così ti proteggi da future delusioni smettendo di chiedere.

Puoi guarire questa tendenza focalizzandoti su tutte le volte che le tue preghiere *sono* state ascoltate. Pensa a una situazione in cui sei rimasto piacevolmente sorpreso perché hai ricevuto proprio ciò che avevi chiesto. Per favore, non lasciare che le grandi delusioni oscurino tutti i piccoli miracoli che si sono manifestati sul tuo cammino.

La fede ci permette di superare le delusioni della vita, è importante tenerla viva anche quando sembra vacillare.

L'ottimismo è l'energia positiva che attira verso di te l'abbondanza e tutte le cose buone. Senza fede e ottimismo, potresti non riuscire a cogliere la risposta alle tue preghiere! Puoi alimentare la tua fede chiedendo all'Arcangelo Michele, l'angelo del coraggio e della forza, di entrare nei tuoi sogni. Mentre dormi, anche il tuo ego è assopito, perciò non può sovrapporsi alla tua guida divina.

Quando stai per addormentarti, formula questa preghiera in silenzio o ad alta voce:

"Caro Dio e caro Arcangelo Michele,
vi prego di entrare nei miei sogni stanotte
e rimuovere tutte le paure che in passato
hanno bloccato la mia fede.
Vi prego di riaccendere, rinnovare e rinvigorire
la mia fede in modo che io possa credere in voi
e nella mia guida interiore. Amen."

Come chiarire i tuoi desideri

Forse temi di chiedere la cosa sbagliata. O magari continui a cambiare idea su ciò che vuoi. Tieni a mente che Dio sa già cosa desideri e sa cosa sarebbe "il massimo e il meglio" per te. Tuttavia, in base alla Legge del Libero Arbitrio, per ricevere aiuto lo devi chiedere.

Chiedere aiuto al Cielo è proprio come ordinare un pasto al ristorante. Se ordini spaghetti al pesto, riceverai spaghetti al pesto. Ma se sei indeciso su cosa scegliere, puoi sempre chiedere al cameriere: "Lei cosa mi consiglia?".

Allo stesso modo, puoi chiudere gli occhi, fare un profondo respiro e formulare mentalmente o ad alta voce questa preghiera:

"Caro Dio, ti ringrazio perché provvedi a tutti i miei bisogni terreni. Ti chiedo di continuare a guidarmi con chiarezza per individuare tutto ciò di cui ho bisogno al fine di compiere la mia missione e riuscire a garantire una vita sicura e salutare a me stesso e ai miei cari. Amen."

Mentre formuli questa preghiera, presta attenzione a tutti i pensieri, le sensazioni o le visioni che ti arrivano... anche se sono quasi impercettibili. Queste impressioni sono risposte alla tua preghiera, che ti mostrano ciò di cui hai bisogno e ti guidano verso il suo ottenimento. Sono l'equivalente celeste dei consigli su cosa chiedere.

Se non hai notato niente, lo farai quando sarai in uno stato rilassato, per esempio mentre mediti o sei in mezzo alla natura, ti fai praticare un massaggio o ti addormenti, oppure al momento del risveglio. Ogni nostra richiesta viene esaudita, anche se a volte impieghiamo del tempo per accorgerci della risposta.

Quante volte bisogna chiedere?

È sufficiente chiedere una volta sola. Non è necessario seguire il cameriere in cucina ripetendogli continuamente che vuoi gli spaghetti al pesto. Allo stesso modo, basta chiedere al Cielo una volta sola per rendere efficace la Legge del Libero Arbitrio. Se la tua richiesta non è un problema, puoi farlo tutte le volte che vuoi: il punto è che *non serve*. Tuttavia – e questo è un "tuttavia" della massima importanza – se ti assalgono dubbi, paure, insicurezze e pessimismo sul fatto che le tue preghiere saranno esaudite, chiedi che la tua fede venga rafforzata.

Tieni viva la fede!

La fede è essenziale per ricevere ciò che hai chiesto. Se non hai fede, rischi di uscire dal ristorante prima che i tuoi spaghetti al pesto ti vengano serviti!

"Ti prego, Dio, aiutami ad avere fede, fiducia, speranza e ottimismo."

Mentre ti addormenti, puoi anche chiedere all'Arcangelo Michele di entrare nei tuoi sogni. Ricorda che è un angelo aconfessionale, onnipresente, che ama di un amore incondizionato e che ti aiuterà a liberarti dalla paura.

Mentre ti addormenti, formula questa preghiera mentalmente o ad alta voce:

"Arcangelo Michele, ti chiedo di entrare nei miei sogni stanotte e di eliminare tutto ciò che mi impedisce di godere di una fede piena."

Mentre dormi il tuo ego non respinge la guida divina come invece può fare durante le ore di veglia.

Quando inviti l'Arcangelo Michele a entrare nei tuoi sogni, lui agisce con amore e sicurezza come uno spazzacamino che elimina tutti gli elementi nocivi dalla tua coscienza e dalla tua sfera emotiva. Potresti persino svegliarti durante questo processo, percependo la sua opera di disintossicazione.

Al mattino ti sentirai positivamente cambiato. Forse avvertirai un po' di stanchezza dovuta al processo di pulizia, ma la tua fede e la tua speranza saranno felicemente rinnovate. E avendo ritrovato la fede, potrai andare avanti con fiducia!

"Grazie Dio per..."

Come abbiamo spiegato, non conta tanto il modo in cui chiedi l'aiuto celeste, ma semplicemente che tu lo faccia davvero. Gli studi dimostrano che in tutte le confessioni le preghiere hanno effetti positivi misurabili. Queste ricerche hanno escluso che si tratti di un "effetto placebo" del pensiero positivo, dimostrando risultati rilevanti anche sulle piante, i bambini e gli animali.

È interessante notare che da questi studi – e dalle nostre ricerche sul campo – emerge che le "preghiere affermative" si dimostrano leggermente più efficaci rispetto alle "preghiere di supplica". Ecco cosa significano queste definizioni:

- la *preghiera di supplica* è quella che formuli quando reclami aiuto. Invochi il Cielo, lo implori e richiedi la sua assistenza. A volte la supplica è formulata con calma, altre con maggiore intensità emotiva. Questa forma di preghiera è particolarmente efficace quando sei in grave difficoltà e hai ben chiare le tue necessità. Dire al Cielo anche solo la parola "Aiuto!" porta dei risultati;

- la *preghiera affermativa* è quella che formuli quando ringrazi Dio per l'aiuto che stai richiedendo. Esprimi una fede piena nel fatto che le tue preghiere saranno, e sono già state, esaudite. Perciò dici: "*Grazie Dio per* [riempi lo spazio]."

Il potere della preghiera

Tutti i tipi di preghiera portano gioia agli angeli. Essendo devoti e amorevoli messaggeri di Dio, gli angeli gioiscono per ogni nostro tentativo di avvicinarci al Creatore.

Se pregare ti fa sentire a disagio a causa di esperienze passate, gli angeli ti incoraggiano caldamente a riprendere il tuo dialogo con Dio. Impostandolo a modo tuo, otterrai risultati effettivi e farai grandi progressi nella guarigione. Il potere della preghiera è illimitato.

È importante notare che non preghiamo direttamente gli angeli, nemmeno gli Angeli dell'Abbondanza. Non avrebbe senso farlo, perché gli angeli sono per Dio quello che la bocca e le braccia sono per noi: sono parti importanti, ma non il tutto. Noi non adoriamo gli angeli.

Se i contenuti di questo capitolo ti provocano confusione, sappi che non sei solo. Molte persone considerano la preghiera come una misura straordinaria da adottare "solo in caso di emergenza". Ricorrere alla preghiera per cose terrene come chiedere più denaro, un lavoro migliore o una promozione può sembrare a molti di noi meschino o addirittura blasfemo. Ma per fortuna non è così.

La preghiera è uno dei metodi più potenti per ottenere qualunque cosa nella vita. Siamo qui per volontà di un Essere divino, come qualunque altra creatura e tutto ciò che esiste. Perciò è logico che ogni cosa sia nella disponibilità di questo Creatore e tutto possa esserci concesso se solo abbiamo l'accortezza di chiederlo e se è davvero nel nostro massimo interesse ottenerlo.

Tutti noi siamo dotati del libero arbitrio, nel bene e nel male. Ciò significa che, sebbene il Divino sappia esattamente ciò che è meglio per noi, non sempre è libero di intervenire in nostro favore. Se per qualche ragione il Divino decidesse di srotolare per noi il tappeto rosso dell'abbondanza e dell'opulenza, quali lezioni potremmo imparare e come potremmo crescere? Ciò non significa che per imparare dobbiamo vivere una vita di stenti e privazioni, ma che per far arrivare cose buone nella nostra vita, dobbiamo assolutamente imparare a *chiederle*.

Si può chiedere in una vasta gamma di modalità. Per certi aspetti, lavorare sodo è un modo di chiedere, perché in tal modo dimostriamo che siamo disposti a impegnarci a fondo per ottenere ciò che desideriamo. Ciascuno di noi deve compiere quel primo passo per andare incontro al Divino e deve decidere da sé qual è la modalità che gli viene più naturale e lo fa sentire più a proprio agio.

Quando preghiamo, entriamo in conversazione con la nostra Fonte divina, e in questo modo abbiamo l'opportunità di consentire che un Potere superiore provveda al nostro benessere. Proprio come figli di bravi genitori che non interferiscono nella loro vita sociale, a meno che non venga richiesto espressamente o esistano condizioni di pericolo, anche noi dobbiamo chiedere l'aiuto che vogliamo.

La scelta del modo di pregare spetta unicamente a te. Puoi pregare qualunque Essere divino di amore e luce che senti toccare profondamente le corde del tuo animo. La preghiera può essere semplice, formulata a mente, elaborata, espressa ad alta voce, oppure ancora può essere un inno solenne recitato a lume di candela. Sei libero di scegliere se pregare all'interno di un tempio, di una chiesa, a casa tua, oppure in grandi spazi aperti. A prescindere dalla modalità che scegli, l'esito della tua preghiera sarà identico. Alcune religioni organizzate prevedono regole specifiche su come pregare e va benissimo se desideri seguirle, ma va altrettanto bene se scegli d'infrangere queste convenzioni e pregare nel modo che preferisci.

Quando preghi per l'abbondanza, il fatto di visualizzare l'oggetto dei tuoi desideri è meno importante di quanto potresti pensare. Il Divino sa *esattamente* cosa desideri. La tua mente in genere è protetta da una barriera invalicabile, ma quando preghi può diventare un libro aperto. Magari preferisci continuare a visualizzare l'oggetto dei tuoi desideri per tenere la mente focalizzata (come spiegheremo nei capitoli seguenti), ma non essere troppo severo con te stesso se non riesci a farlo ogni volta.

È possibile ricorrere con successo alla preghiera senza utilizzare altri metodi espressivi. Siccome la preghiera si rivolge direttamente alla Fonte divina, è più potente di ogni altro mezzo. Tuttavia, poiché quando preghi *chiedi* aiuto, talvolta la risposta può essere negativa. Con la visualizzazione e le affermazioni, invece, la questione non è mai se funzionerà, ma solo con quali tempi. Per cui, va benissimo ricorrere anche solo alla preghiera, ma è consigliabile usare una combinazione di tutti i metodi.

Se a tuo avviso la preghiera è talmente efficace da reputare superfluo utilizzare altri mezzi, non è certo un problema. In questo caso l'unico "arbitro" sei tu e nessuno può rimproverarti di non usare tutti gli strumenti che hai a disposizione, se preferisci ricorrere a uno solo.

Spesso sentiamo di persone che temono di "importunare" la divinità che stanno pregando con le loro richieste. Ma questo non può mai essere. Il tuo Creatore è impaziente di aiutarti e qualunque forma di comunicazione da parte tua è ben accetta in ogni momento. La profusione di amore che sgorga dal tuo Genitore divino è quasi travolgente e quanto più preghi, tanto più ti senti amato. In breve tempo ti sentirai molto confortato e supportato, e chiedere aiuto ti verrà naturale.

Altre persone invece ritengono di dover offrire qualcosa in cambio dell'aiuto divino. Stai pur certo che non è affatto necessario. Compiere buone azioni è meraviglioso e ti fa sentire magnificamente, ma la preghiera non prevede negoziati. Non vogliamo certo dissuaderti dal compiere opere filantropiche se ti senti spinto a farlo, ma non lasciare che una tua presunta incapacità di compierle t'induca a smettere di utilizzare il potere della preghiera.

Per quanto ci riguarda, la preghiera è il metodo che usiamo di più. Non perché pensiamo sia il più efficace, ma perché è quello con cui ci sentiamo più a nostro agio. Abbiamo amici intimi che non hanno la stessa confidenza con la preghiera e dunque preferiscono usare altri mezzi, con ottimi risultati. Se abbiamo un rapporto sereno con il metodo che usiamo, in generale avremo risultati migliori.

Una tipica preghiera per l'abbondanza che (io, Grant) utilizzo è questa:

> *"Dio, desidero avere del tempo per insegnare e scrivere. Sento la necessità di avere più denaro in modo da poter dedicare più tempo a questi progetti, invece che a lavorare per qualcun altro. Ti prego di aiutarmi a guadagnare più denaro affinché io possa raggiungere più persone. Grazie."*

La preghiera dell'esempio è piuttosto semplice ma sufficientemente efficace da ottenere risultati nella maggior parte dei casi. E soprattutto è sincera. Puoi semplificarla ancora di più dicendo: *"Ti prego di aiutarmi a ottenere più denaro."*

Oppure puoi scegliere una formulazione più elaborata. Come abbiamo detto, la cosa fondamentale è che nella preghiera tu sia sincero. Quando credi davvero e la tua espressione di fede è autentica, i miracoli possono accadere e accadono. Ma se ti limiti a "tastare il terreno" per scoprire se la preghiera funziona, allora i risultati potrebbero essere molto meno gratificanti.

Se in un dato momento non ti sentissi a tuo agio nell'utilizzare la preghiera per richiedere l'abbondanza, allora devi necessariamente fermarti. Devi utilizzare questo metodo solo se ti suona autentico e ti trasmette serenità. In caso contrario, devi assolutamente abbandonarlo e passare ad altri mezzi. Dei tre metodi principali per esprimere una richiesta – la preghiera, la visualizzazione e le affermazioni – in generale la preghiera è quello che spaventa di più i principianti, considerate le notevoli energie spese per disciplinare il suo utilizzo entro i confini delle religioni organizzate, e nonostante l'importanza di quelle pratiche e organizzazioni, in qualche caso viene sacrificata almeno in parte la scelta personale.

Il potere della preghiera può essere usato per chiedere molto più della semplice abbondanza finanziaria. In realtà, questa è una delle sue applicazioni di secondaria importanza. La richiesta dell'abbondanza è l'argomento principale di questo libro, ma una volta che avrai fatto tua la pratica della preghiera e raggiunto un certo livello di successo nel suo utilizzo, dovresti notare che ogni ambito della tua vita comincerà a migliorare.

Tra gli ambiti che non riguardano la sfera economica, il primo in cui le persone tendono a vedere miglioramenti è quello della salute. Diciamolo: la nostra salute è la nostra ricchezza, perciò non si tratta di una questione da poco. Per certi aspetti, i miglioramenti nella salute sono i benefici più importanti della preghiera, che a tal fine viene utilizzata con successo da innumerevoli secoli. Recentemente, diversi studi hanno analizzato l'efficacia della preghiera in campo medico. Dalla maggior parte di essi è emerso che la preghiera produce effetti reali, anche quando i soggetti non sanno che qualcuno prega per loro e le persone che pregano non sanno *per chi* stanno pregando. È una cosa entusiasmante.

Da questi studi sono emersi altri dati interessanti, in particolare nei casi in cui la preghiera *non ha* prodotto alcun effetto. Può sembrare strano interessarsi alle percentuali di fallimento di una pratica, ma in questo caso anche il mancato successo ha fruttato sviluppi positivi. La causa principale dell'assenza di risultati – perlomeno questa è la conclusione alla quale sono giunti gli studi – è che la preghiera viene espressa senza convinzione. Pregare senza sincerità equivale a non pregare affatto. Alcune ricerche hanno appurato che i sintomi *peggioravano* quando la preghiera era espressa senza sincerità, ma forse questi dati sono stati travisati. È molto improbabile che una forza energetica che risponde positivamente a una preghiera espressa con amore punisca una persona malata per le azioni di qualcun altro.

Perciò, se hai intenzione di utilizzare la preghiera, mantieni se non altro un'apertura mentale verso di essa. Sincerità in questo caso non significa che devi adottare certe convinzioni religiose o cominciare a pregare con regolarità. Non significa che devi spiegare a tutti quello che stai facendo e di certo neppure che devi cambiare la tua vita se non ti senti guidato a farlo. Significa solo credere sinceramente nell'impegnarti in una conversazione con un Potere superiore, confidando nella sua facoltà di aiutarti.

Miracoli di abbondanza

Quando (io, Doreen) ero una giovane casalinga con entrate ridotte, ho sperimentato miracoli di abbondanza grazie alla preghiera affermativa. In un momento in cui eravamo a corto di soldi e dovevamo fare la spesa, ho detto: "*Grazie Dio per il denaro che ci serve per pagare il cibo.*" Ho guardato a terra e ho visto una banconota da cento dollari ai miei piedi! Era denaro inviato dal Cielo. Sono andata subito al supermercato e ho potuto imbandire la tavola per la mia famiglia, grazie a Dio.

In moltissime occasioni il denaro appare inaspettatamente in risposta a una preghiera affermativa. Una volta ho scritto una lettera molto accorata a Dio, ringraziando il Creatore per consentirmi di pagare le bollette. Ho posato il foglio sul tavolo con la parte scritta rivolta verso l'alto, accanto al posto in cui ero solita pregare e meditare. Una settimana dopo, ho ricevuto un assegno di rimborso per una somma equivalente al totale delle mie bollette!

In un'altra occasione, volevo comprare un regalo per una cara amica. Ho trovato una sciarpa che era perfetta per lei e sapevo che le sarebbe piaciuta molto. Ma al negozio accettavano solo pagamenti in contanti e io non ne avevo abbastanza con me. Così, stringendo la mia borsa, ho detto: "*Grazie Dio che mi consenti di avere in bor-*

sa sufficiente denaro per comprare il regalo alla mia amica proprio adesso." Dopodiché ho aperto il mio portafoglio e ci ho trovato venti dollari che – ne sono certa – non sapevo di avere con me. Sono riuscita a comprare la sciarpa per la mia amica e ho imparato una preziosa lezione sul potere della fede e della preghiera!

Abbiamo incontrato molte persone che hanno sperimentato miracoli di abbondanza dopo aver pregato il Cielo per riceverne l'aiuto. Ricorda che la Bibbia ci mette in guardia solo contro la cupidigia. Non c'è nulla di male se chiedi al Cielo di avere le risorse che ti sono necessarie e fai la tua parte impegnandoti nel lavoro e nell'essere una brava persona. Quell'aiuto è letteralmente una manna dal Cielo!

Il bellissimo Discorso della Montagna ci promette che Dio provvederà ai bisogni di ciascuno di noi, ed è vero! E quanto più ti concedi di ricevere questi doni generosi, tanta più ricchezza avrai a disposizione per condividerla con gli altri.

In sintesi

La Legge del Libero Arbitrio è sempre in vigore per chiunque in ogni ambito. Questa legge dice che hai la libertà di prendere decisioni per la tua vita. Nessuno può interferire con le tue scelte senza il tuo consenso. E anche se Dio sa già cosa vuoi e cosa ti serve, devi *chiedere* l'aiuto celeste affinché ti venga dato.

Ricorda sempre: non conta tanto il modo in cui chiedi l'aiuto del Cielo, ma che tu lo faccia *davvero*.

SECONDO MESSAGGIO

IL *COME* DIPENDE DA DIO

Uno dei maggiori ostacoli per l'abbondanza è rappresentato dalla preoccupazione di come le nostre preghiere saranno esaudite. Svolgere un buon lavoro con le preghiere, la visualizzazione e le richieste equivale a premere il pedale dell'acceleratore, mentre preoccuparsi equivale a schiacciare quello del freno. Il risultato è che non si va da nessuna parte.

A causare la preoccupazione è soprattutto la mente dominata dall'ego (la parte di noi diffidente e timorosa) che cerca di immaginare "come" tutto si svilupperà. La mente dominata dall'ego vuole conoscere in anticipo ogni dettaglio sul modo in cui ci arriverà l'abbondanza. Pretende soluzioni sicure ed esige la garanzia che tutto andrà bene.

Questo accade perché l'ego vuole avere un controllo totale. L'ego è davvero il fondamento di tutti i problemi legati al controllo. L'ego è l'opposto della fede. Poiché Dio è pura fede e tu sei stato creato a immagine e somiglianza di Dio, secondo la verità spirituale *tu* sei pura fede. Non sei l'ego, non sei preoccupato e non devi avere problemi legati al controllo.

Tuttavia l'ego può alzare la voce e diventare molto molesto quando sente che sta perdendo il controllo su di te. Cercherà di convincerti a non credere che Dio provvederà a te e alla tua famiglia. Puoi verificare subito questa dinamica affermando:

"Grazie Dio perché provvedi a me e alla mia famiglia
con il tuo amorevole supporto."

Ora presta attenzione a come ti *senti* immediatamente dopo aver pronunciato o pensato questa frase. Avverti una contrazione allo stomaco? È indice di paura e preoccupazione. Avverti un senso di calore e felicità nel tuo cuore? È indice di fede.

Poi, nota i *pensieri* che scorrono nella tua mente. Sono legati a dubbi e paure? Stai cercando di immaginare un modo logico in cui Dio potrebbe portarti più abbondanza? Questo è indice di *paura*. Hai voglia di cantare le lodi di Dio perché provvede a noi tutti? Questo è indice di *fede*.

La logica dell'illogico

La nostra mente dominata dall'ego cerca di risolvere i problemi basandosi su scenari logici. Vuole prevedere e controllare gli sviluppi. Perciò ti induce a pensare: "E se succede questo?", "E se succede quest'altro?". I pensieri e i timori ossessivi ti assillano, consumando il tuo tempo e le tue energie.

È utile pensare a qualcosa di meraviglioso e inatteso che è accaduto nella tua vita. Cerca di ricordare un momento in cui sei stato piacevolmente sorpreso, e pensa alle direzioni e alle svolte imprevedibili che la tua vita ha preso. Avresti potuto prevedere tutte le cose che sono successe finora?

La verità è che i tuoi bisogni sono stati soddisfatti per tutta la tua esistenza. Sei ancora vivo e questo dimostra che tu e lo scopo della tua vita siete ancora necessari in questo mondo. Finché vivrai, i tuoi bisogni saranno soddisfatti... purché lavori insieme al Cielo come membro effettivo della sua squadra.

Ciò significa che riceverai una guida divina per compiere passi concreti. Affinché le tue preghiere vengano esaudite, devi essere consapevole di questa guida e seguirne le indicazioni.

Certo, in qualche caso accadono miracoli per intervento diretto (come la banconota da cento dollari che ho trovato a terra dopo aver pregato), ma nella maggior parte dei casi sei tu a *co-creare* i risultati positivi che cerchi.

Il modo in cui le preghiere vengono esaudite va oltre il ragionamento logico. Ma quando lo consideri con il senno di poi, ti accorgi che *era* logico, e anche imprevisto. Non puoi sapere in anticipo la piega che prenderanno gli eventi quando le tue preghiere saranno esaudite.

È per questo motivo che diciamo che il "come" dipende da Dio. Dio è la mente. Dio è intelligenza infinita. Dio è onnipresente. Ed è onnisciente. Il tuo vero io è tutt'uno con Dio e con la mente di Dio.

Il tuo vero io non si preoccupa mai, perché – come Dio – conosce solo l'amore, la salute, l'abbondanza, la gioia e la pace. Perciò il tuo vero io è già in grado di vedere le soluzioni di tutti i presunti problemi che devi affrontare.

Quando sei pieno di fede, riesci a sentire facilmente la tua guida divina. Sai esattamente quali passi compiere. Ma se permetti alla tua mente dominata dall'ego di offuscare i pensieri con le preoccupazioni, non sarà facile per te ascoltare la guida divina che rappresenta la risposta alle tue preghiere. La guida divina è un'informazione sulle azioni da compiere che ti viene ripetuta e che ti arriva sotto forme diverse, come:

- pensieri e idee;
- intuizioni o sensazioni istintive;
- segni dall'alto.

Quando un'idea, un pensiero, una sensazione o un segno ti si presenta più di tre volte in un breve lasso di tempo, è molto probabile che si tratti di una guida divina. I segni includono qualcosa che attira la tua attenzione e che percepisci con i sensi fisici, come la vista e l'udito. Quando per tre volte ti senti consigliare lo stesso libro, per esempio, probabilmente è un segno che ti indica che faresti bene a leggerlo.

La guida divina ti spinge a compiere azioni positive e salutari che alla fine portano benefici a te e alle persone che ami. Inoltre la guida divina supporta lo scopo della tua vita, quindi aiuterà anche tutti coloro che trarranno giovamento dalla tua missione.

Talvolta alcuni dicono di sentirsi bloccati e di non riuscire a scorgere alcuna guida. Di solito questo significa che la persona è confusa a causa dello stress, di agenti tossici o della paura. Puoi aprire i tuoi canali di ricezione e comprendere la guida divina schermandoti e praticando attività antistress come la preghiera, l'esercizio fisico regolare, seguendo un'alimentazione biologica e naturale, stando in mezzo alla natura e con la meditazione.

Ovviamente non è necessario seguire uno stile di vita perfettamente salutista per sentire la voce di Dio e degli angeli. Tutto ciò che è in linea con uno stile di vita equilibrato ti aiuterà a eliminare le interferenze e migliorerà la tua capacità di recepire la comunicazione divina.

Guida vera e guida falsa

Come fai a sapere che stai ricevendo una vera guida divina e non la stai solo immaginando? Come fai a sapere che non si tratta di un'illusione generata dal tuo desiderio o – peggio ancora – che energie inferiori non stanno cercando di ingannarti e deviarti nella direzione sbagliata? Forse in passato hai seguito la tua guida e la cosa non ha funzionato, quindi hai perso fiducia nel tuo intuito.

Queste sono preoccupazioni fondate e non sono necessariamente paure determinate dall'ego. È giusto essere cauti prima di intraprendere un grande cambiamento nella propria vita. Perciò farai bene a prestare attenzione a questi segni per assicurarti che quelli che ricevi sono veramente messaggi del Cielo.

Esempi di guida divina

Dopo aver pregato per chiedere aiuto, riceverai più volte idee, pensieri, sensazioni, visioni o segni che ti guidano ad agire, come per esempio spingerti a:

- fare una telefonata a una certa persona o azienda;
- migliorare la tua alimentazione o il tuo programma di attività fisica;
- leggere un certo libro o un particolare articolo;
- aderire a un gruppo;
- svolgere ricerche;
- seguire un corso;
- scrivere;
- fare un viaggio;
- trasferirti in un'altra zona;
- lavorare sulla guarigione emotiva;

[... e così via]

La guida divina si concentra sempre su passi concreti da intraprendere nell'immediato per migliorare il tuo futuro. Magari non ti mostra l'intero quadro, ma ti guida, passo dopo passo, verso la risposta alle tue preghiere. Tutto ciò che devi fare è *compiere* ciascuno di quei passi!

TERZO MESSAGGIO

ACCOGLI IL MAGICO POTERE DI MANIFESTAZIONE DEL MERITO

Oltre che al Cielo, puoi chiedere aiuto anche alle persone. Se non sei abituato a chiedere o ad accettare l'aiuto degli altri, impedisci a te stesso di ricevere l'abbondanza.

Gli Angeli dell'Abbondanza insegnano che il dare e il ricevere sono ugualmente sacri e preziosi. Espirare è importante quanto inspirare. La marea sale e scende.

Nel caso di blocco nelle manifestazioni di richiesta, di solito il problema risiede in una indisponibilità a ricevere.

Per esempio, quando qualcuno si offre di aiutarti, come reagisci? Come ti senti e che cosa fai? Accetti l'offerta? O la declini gentilmente?

Temi di infastidire o intristire gli altri se chiedi, o accetti, il loro aiuto?

Senti che gli altri meritano la felicità e il successo più di te?

Temi che, se ti concedi di ricevere abbondanza, accadrà qualcosa di spiacevole?

Tutte queste paure derivano dalla sensazione di *non essere meritevole*, ovvero di non essere degno di ricevere. Finché non ti senti meritevole, continui a sabotare il tuo successo e la tua felicità. Respingi tutte le risposte alle tue preghiere perché non ti senti preparato, pronto o degno di riceverle.

Se queste parole toccano delle corde e scatenano emozioni dentro di te, prenditi un momento per respirare, lasciarti andare e arrivare a capire. Questo è il processo di profonda guarigione emotiva che ti consentirà di accettare l'aiuto degli altri. Concedendoti di vedere la verità, ti aprirai a ricevere l'abbondanza in ogni sua forma.

I modelli di ruolo dell'abbondanza

Noi non crediamo che sia utile dare la colpa agli altri per le proprie vicissitudini finanziarie. Questa modalità esprime un'energia inferiore e le richieste vengono esaudite più rapidamente quando la tua energia (spirituale e fisica) si mantiene su livelli elevati.

Perciò esamineremo i tuoi modelli di ruolo dell'abbondanza partendo da una prospettiva costruttiva, invece che critica. Molte delle tue convinzioni sull'abbondanza derivano da ciò che hai imparato crescendo.

Ora, centra te stesso con profondi respiri, portando la tua mente e il tuo corpo a uno stato di calma. Presta attenzione alle prime risposte che ti vengono in mente leggendo queste domande:

- Cosa ricordo che diceva mia madre riguardo al denaro?
- Cosa ricordo che diceva mio padre riguardo al denaro?
- Ci sono state altre figure adulte importanti che hanno influenzato il mio approccio e i miei comportamenti nei confronti del denaro?
- Nella loro gestione del denaro tendevano più a spendere o a risparmiare?
- Come parlavano di "fare economie" le figure adulte che hanno avuto importanza nella mia vita?
- Qual era l'energia dei miei genitori quando mi davano la mancia o i soldi per il pranzo?
- In gioventù guadagnavo dei soldi? E che effetto ha avuto su di me il fatto di guadagnare?
- Come venivano gestiti i soldi dalla mia famiglia?
- Quali stereotipi ho sentito sulle persone ricche?

Queste esperienze hanno influenzato le tue convinzioni sull'abbondanza. Probabilmente, a livello conscio o inconscio, ti hanno indotto a credere che...

- ... le risorse mancano o abbondano;
- ... il "fare economie" influisce sulla tua personale abbondanza;
- ... è giusto incolpare gli altri per la tua situazione finanziaria;
- ... è "sicuro" accettare doni dagli altri;
- ... è una gioia o un peso donare qualcosa agli altri;
- ... è giusto confidare che la fase positiva continuerà;
- ... meriti di ricevere del bene dagli altri;
- ... il denaro è la radice di tutti i "mali";
- ... sui soldi si depositano i germi di tutti coloro che li maneggiano;
- ... i ricchi sono "persone cattive" o comunque diverse da te.

Leggendo queste convinzioni, il tuo corpo ti segnalerà quali sono i modi più sani di pensare al denaro e all'abbondanza. Nel profondo sai bene che il denaro è come tutti gli altri oggetti materiali: un insieme di molecole composte da atomi. È solo energia, come te! Il denaro è diventato uno strumento convenzionale per scambiare merci e servizi; di per sé, non ha valore intrinseco (e non sarà in questa sede che parleremo di banche e sistema monetario!).

Parlare al denaro

Le tue reazioni emotive nei confronti del denaro incidono in misura sostanziale su quanto ricevi, quanto dai e quanto possiedi. Nell'esercizio che segue identificheremo tutte le convinzioni disfunzionali sul denaro che potrebbero bloccare il tuo flusso di abbondanza.

Questo esercizio richiede circa un quarto d'ora. Considera questo lasso di tempo come un investimento che può fruttarti enormi profitti! Siccome a volte lo proponiamo nei nostri seminari, è probabile che tu l'abbia già svolto (o abbia svolto qualcosa di simile con un altro insegnante).

Si tratta di un esercizio che – come quelli ginnici – va ripetuto regolarmente. Ecco i passaggi.

1. Tieni in mano una banconota, di qualunque taglio.
2. Prenditi un momento per respirare a fondo e per centrarti.
3. Focalizzati sul denaro che hai in mano e ricorda che è composto da energia, come qualunque altro frammento di materia.
4. Anche se ti sembra illogico, prova a fare quanto segue: rivolgiti alla banconota come se stessi conversando con una persona e di' (mentalmente o ad alta voce): "Denaro, che cosa provo veramente nei tuoi confronti?".
5. Ascolta la risposta, che emergerà dentro di te sotto forma di pensieri, emozioni o visioni. Se lo desideri, trascrivila.
6. Dopodiché chiedi: "Denaro, come ti tratto?". Presta attenzione alla risposta, che potrebbe sorprenderti.
7. Poi chiedi: "Denaro, come posso fare per averti in maggiori quantità?", quindi nota la risposta.

8. Infine chiedi: "C'è qualcos'altro che vorresti dirmi?". Nota tutte le risposte e trascrivile (ma solo se lo desideri) insieme agli altri pensieri e alle emozioni che avverti.

Com'è andata? Hai avuto qualche illuminazione sulle convinzioni limitanti che riguardano il denaro? Sei rimasto sorpreso?

Parlando con i partecipanti ai nostri seminari in giro per il mondo abbiamo verificato che, dopo aver svolto questo esercizio, di solito le persone scoprono quanto segue:

- sono poco rispettose nei confronti del denaro, perché non sembra loro che rappresenti tutto l'impegno con cui si lavora per guadagnarlo;
- sono timorose nei confronti del denaro, si sentono intimidite da esso e non capiscono le "regole" dell'accumulo e della gestione della ricchezza;
- sono rabbiose verso il denaro perché sfugge loro e a causa della crudeltà dei sistemi mondiali che ruotano intorno all'economia;
- provano un senso di estraneità, come se solo gli altri potessero fare soldi;
- inseguono il denaro, che però continua a sfuggire loro.

L'energia negativa di questi atteggiamenti respinge il denaro. L'abbondanza è attratta da emozioni positive, amorevoli e allettanti. Questo vale per l'abbondanza di amore, tempo, idee, fiducia, motivazione... e denaro.

Il denaro è attratto anche dall'energia del rispetto. Rispetta il denaro che già possiedi tenendolo ben in ordine nel tuo portafoglio. Le banconote spiegazzate sono indice della mancanza di cura verso le tue finanze.

La gratitudine ha il potere magnetico di attirare l'abbondanza verso di te. Uno dei segreti dell'abbondanza è scrivere "grazie" su ogni assegno che firmi. Invia gratitudine a tutti coloro a cui stacchi un assegno, compreso l'erario e le società che forniscono luce, gas e telefono. Ringrazia di avere il denaro sufficiente per pagare tasse e bollette. Sostituisci il risentimento con la gratitudine e vedrai crescere il tuo conto in banca.

Superare la mancanza e le limitazioni

Quanto più affermi e ringrazi per l'abbondanza che hai già, tanto più ricevi ricchezze inattese. Anche se nell'immediato non hai risorse tangibili e anche se non hai idea di come farai a pagare i tuoi conti, afferma comunque l'abbondanza. Di': "*Grazie Dio per provvedere con facilità e con agio a tutti i miei bisogni*" e poi segui qualunque stimolo interiore a compiere azioni guidate.

Viceversa, la convinzione che la prosperità esista solo in quantità limitata costituisce un blocco all'abbondanza. Se non credi di meritare la prosperità, ti senti in colpa ad accettarla, perché hai paura di sottrarla a qualcun altro.

Dire che le risorse sono infinite significa affermare che esiste abbondanza a profusione per tutti. Il solo fatto che tu abbia una bella casa e un'automobile non implica che togli una casa e un'automobile a qualcun altro. Lo stesso vale per ogni altro tuo bisogno che viene soddisfatto.

Ma – potresti chiedere – i senzatetto e tutti gli altri poveri? Sembra che non abbiano neanche il minimo indispensabile. Come può esistere un'abbondanza infinita se così tante persone sono in gravi difficoltà economiche?

Queste osservazioni sono vere, ma affermare la povertà non contribuisce in alcun modo ad alleviare le sofferenze delle persone. Solo le azioni utili e guidate possono servire. Potresti diventare un facoltoso filantropo che dona denaro ai poveri, profondere il tuo impegno in un meraviglioso ente benefico, o ancora insegnare agli altri come chiedere il soddisfacimento dei propri bisogni.

Tu vali!

La verità è che il denaro di per sé non è né buono né cattivo. È un oggetto neutro al quale gli esseri umani hanno attribuito un valore e un significato. Per esso gli uomini hanno combattuto e ucciso. Per procacciarselo sono rimasti a lungo lontani dalle loro famiglie. Ma il denaro, di per sé, è solo carta e metallo cui è stato assegnato un valore artificiale.

A stabilire il valore del denaro è il tuo *tempo*. Quanto tempo ti occorre per guadagnare il denaro che possiedi? Attribuire valore a te stesso ti aiuta ad attribuire valore al denaro che guadagni.

Tu vali molto! Dio ti ha creato con amore, saggezza e intelligenza divina. Nella tua vita hai uno scopo estremamente prezioso che solo tu puoi realizzare.

A prescindere da ciò che hai fatto o non hai fatto in questa vita, tu vali molto!

A prescindere da quello che qualcuno ti ha detto, tu vali molto!

Sei importante e necessario!

Meriti rispetto!

Liberarsi dal passato

La convinzione di non essere meritevoli può derivare anche da vite passate nelle quali – nei panni di un monaco o una monaca – hai fatto voto di povertà, di rinuncia al possesso. A livello inconscio, questi voti ti seguono fino alla tua vita presente. Dentro di te scatenano diffidenza nei confronti dell'abbondanza e un atteggiamento di cautela verso tutto ciò che non è la mera sussistenza.

Anche se non sei sicuro di aver fatto voto di povertà in passato, è utile scioglierlo in ogni caso. Liberarti da antichi voti di privazione non può nuocerti in alcun modo; anzi, può aiutarti molto.

Per sciogliere definitivamente questi voti, mettiti in un luogo tranquillo e formula questa preghiera mentalmente o ad alta voce:

> *"Caro Dio, Io superiore, Gesù, Arcangelo Michele e Raziel* [il cui nome significa "i segreti di Dio"], *sono pronto a sciogliere tutti i voti autodistruttivi che posso aver fatto in qualche vita passata. Chiedo di sciogliermi,*

svincolarmi e liberarmi da qualunque voto di povertà, rinuncia o mortificazione. Chiedo che, ora e per sempre, tutti gli effetti di questi voti siano annullati in tutte le direzioni del tempo per tutte le persone coinvolte. Amen."

Mentre si compie questa liberazione karmica, potresti sentire brividi e tremiti. È il tuo dna che espelle vecchia energia accumulata, affinché tu possa essere libero dai vincoli che finora ti hanno legato e bloccato.

Oltre ai voti, anche le differenze culturali tra le vite passate e la vita attuale possono influire sul tuo rapporto con l'abbondanza nel presente. In epoche passate era consuetudine vivere in comunità di villaggio e in monasteri dove venivano assicurati cibo e bevande, vestiario e alloggio. Tutti lavoravano e condividevano ogni cosa.

Molte persone si trovano adesso a vivere per la prima volta nell'Occidente capitalista, in cui ciascuno deve provvedere per sé: è un adattamento difficile per chi ha trascorso vite passate in comunità improntate alla condivisione. In quelle vite, non esistevano conti correnti o libretti di risparmio individuali e nemmeno tasse o bollette intestate ai singoli. Perciò il pensiero delle responsabilità finanziarie può scatenare reazioni negative! E le reazioni negative possono bloccare il flusso dell'abbondanza.

È di grande aiuto comprendere che in questa vita stai vivendo *ancora* in un contesto comunitario. Nonostante tutto hai la capacità di richiedere l'abbondanza per poterla condividere con le persone bisognose. Se l'idea di chiedere l'abbondanza per te stesso ti mette a disagio, fallo per le cause in cui credi! Puoi diventare un virtuoso filantropo e donare il tuo denaro a enti benefici che lo meritano o destinare loro il 10 per cento dei tuoi guadagni.

QUARTO MESSAGGIO

SVILUPPA UNA MENTALITÀ ORIENTATA ALL'ABBONDANZA

Esprimere le proprie richieste significa riconoscere che qualunque persona e qualunque cosa sono formati dall'energia vitale del Creatore. Il tuo corpo è composto dalla pura, amorevole e intelligente energia di Dio. E lo stesso vale per la tua anima, la tua mente e ogni altro aspetto che fa parte di *te*. Tutto ciò che esiste in forma materiale e immateriale sulla Terra e nell'universo trae origine dalla stessa energia. Perciò tutto è amore, puro amore.

È altrettanto vero che esistono situazioni dolorose e crudeli che non incarnano l'amore. Siamo consapevoli della presenza dell'energia oscura nel mondo fisico. Ma la comprensione dell'energia luminosa *e* di quella oscura è fondamentale per imparare a chiedere.

Nel mondo fisico esiste un *dualismo,* ovvero una compresenza di principi opposti. Esistono il caldo e il freddo, il duro e il molle, l'asciutto e il bagnato, l'amore e la paura, la salute e la malattia, la ricchezza e la povertà e così via.

Né lotta né caccia

Molti di coloro che hanno memoria del mondo non dualistico del Cielo sprecano parecchio tempo cercando di combattere contro i dualismi del mondo fisico. Perciò respingono i debiti, le offese, la paura e così via. Gli Angeli dell'Abbondanza ci insegnano qualcosa di importante attraverso questo messaggio: *Combattere contro qualcosa significa esercitare pressione contro l'energia, ma così facendo l'energia viene sollecitata e dunque disturberà la nostra vita che altrimenti sarebbe pacifica.* È un concetto simile a un vecchio detto: tutto ciò a cui resisti persiste.

Di conseguenza, invece di covare rabbia o frustrazione per la tua situazione finanziaria, concentrati sul principio positivo opposto (approfondiremo l'argomento fra poco). Nel frattempo, però, presta attenzione alla seconda parte di questo insegnamento impartito dagli angeli: *Tutto ciò a cui dai la caccia ti sfuggirà.*

Dare la caccia al denaro, o a qualsiasi altra cosa, implica che la tua preda continuerà a sfuggirti. A niente e nessuno piace essere cacciato, perché è una condizione legata all'energia della paura. Se dai la caccia al successo, all'amore, alla felicità o al denaro significa che, nel profondo, hai paura che non arrivino. Questa paura ti spinge a "forzare" il loro arrivo invece di confidare che l'energia amorevole te li conceda spontaneamente. La caccia è una forma di forzatura e l'universo resiste alla forza.

Dare la caccia al denaro non porta mai buoni risultati. Qualunque preda a cui dai la caccia scappa lontano da te, perché inseguirla implica che vuoi costringerla a stare con te, significa che hai paura di non ottenerla senza energia predatoria. *L'energia della paura, in qualunque sua forma, blocca l'abbondanza.*

Dio ci ama e, come tutti i genitori amorevoli, vuole che siamo felici, sani e accuditi in abbondanza. Dio vuole le stesse cose per ciascuno di noi! Coloro che vivono in povertà, perché non comprendono la composizione energetica dell'universo, devono essere accuditi da coloro che la *comprendono*. Quando prosperiamo, otteniamo maggiori risorse per aiutare gli altri.

L'economia non ha nulla a che fare con te!

L'ego si fissa su fattori esterni perché vive dando la responsabilità agli altri dei suoi affanni. Uno dei blocchi dell'abbondanza è la tendenza a incolpare "l'economia" o a preoccuparsene troppo.

Nella verità spirituale non esistono influenze esterne. Esiste solo il Divino – la sua mente, il suo amore e il suo spirito – che è al cento per cento sano e prospero, in ogni momento. Se ti focalizzi su fattori esterni come le abitudini di spesa delle altre persone, sarai influenzato dal tuo ego invece che dai tuo Io superiore e dallo Spirito divino. L'ego è sempre concentrato sui problemi, sulla mancanza e le privazioni. E tu non devi farti governare dall'ego!

Nei suoi scritti Adam Smith, padre della moderna scienza economica, parla di un fattore che influenza l'economia e lo definisce "la mano invisibile". Smith e gli economisti neoclassici dei giorni nostri sostengono che il mercato ritrova sempre il suo equilibrio in seguito ai comportamenti dei consumatori.

Se i consumatori credono che non ci sia abbastanza denaro, evitano di spenderlo e l'economia generale ne risente. Ma quando esiste la fiducia nell'abbondanza e i consumatori spendono in quantità, l'economia generale migliora. Questo vale anche a livello individuale. Se ti aggrappi al denaro e ti angosci per ogni acquisto che fai e ogni centesimo che spendi, una mano invisibile inciderà sulle tue finanze personali e non avrai mai la sensazione di avere abbastanza denaro. E probabilmente avrai ancora più paure e preoccupazioni finanziarie che ti ossessioneranno, a prescindere dall'ammontare del tuo conto in banca.

Ogni giorno molte persone avviano attività imprenditoriali con nuove idee e invenzioni e riescono ad avere molto successo sia sul piano emotivo sia su quello finanziario. Ogni giorno ci sono persone che raggiungono il successo e non sono diverse da te.

Se punti il dito contro gli altri e dai loro la responsabilità della tua mancanza di prosperità, rinunci al tuo potere. Riprenditi subito il tuo potere e rivendica la tua autorità sulle esperienze vissute!

Certo, ai vertici del sistema esistono molte persone scorrette e immorali che condizionano in modo egoistico la politica finanziaria mondiale. Certo, il salario minimo è ai limiti della sussistenza e le grandi aziende sono in grado di influenzare la politica. Ma sai qual è la verità? Puoi elevarti al di sopra di queste realtà, ottenere un enorme successo e usare il tuo denaro e il tuo potere per creare cambiamenti positivi nel mondo! Continuare a lamentarti del sistema non porterà benefici né a te né ad altri. Ma se diventi un leader dotato di integrità e principi etici di certo potrai essere d'aiuto!

Non preoccuparti della "competizione"

Oltre a liberarti dalle preoccupazioni sull'economia, è importante anche non fissarti sulla "competizione". L'energia della competizione si basa sulla convinzione che una persona vinca e un'altra perda. La competizione implica che le risorse sono limitate e non bastano per tutti.

Uno dei motivi per cui le persone sensibili sono riluttanti a chiedere per sé l'abbondanza è che non vogliono toglierla a nessun altro. A livello inconscio sono convinte che, se *loro* vincono, qualcun altro perderà. Ma se comprendi davvero che c'è abbondanza di risorse per tutti, smetti di preoccuparti. Quando confidi che il denaro aiuta anche gli altri – compresi i tuoi familiari, i tuoi clienti e gli enti benefici a cui puoi donare – spalanchi le porte all'abbondanza.

Tieniti lontano dall'energia dell'invidia

Nessuno ti sconfiggerà nella realizzazione dello scopo della tua vita, perché nessuno tranne te può raggiungerlo. Non c'è gara, non c'è competizione. Dio non fa favoritismi. Tu ricevi la stessa quantità di amore e supporto di chiunque altro. Garantito!

Se sei invidioso del successo di un'altra persona, mandi all'universo questo messaggio: "Perché ha questa cosa che io non ho?". Da questa frase l'universo recepisce soltanto che tu non possiedi quello che l'altra persona ha, e ti consegna ciò che affermi e ciò che ti aspetti.

Allo stesso modo, tieniti alla larga da coloro che possono essere invidiosi del *tuo* successo. A livello conscio o inconscio cercheranno di sabotare i tuoi progressi. E non condividere mai i tuoi sogni con persone scettiche o rancorose che provano a dissuaderti dal progredire.

L'energia dell'invidia, sia che arrivi da te sia che arrivi da un'altra persona, è sempre nociva per l'abbondanza.

Gli angeli ti aiutano a desiderare il realizzarsi di situazioni in cui tutti escono vincitori. Vinci tu, vincono gli altri. Vinciamo tutti!

Le parole degli angeli sull'abbondanza

Nel nostro libro *Le parole degli Angeli* (My Life) abbiamo incluso molte storie esemplari di persone che hanno migliorato la propria situazione finanziaria e altri ambiti esistenziali semplicemente cambiando le parole che pronunciavano. (Inoltre, nell'Appendice di questo volume troverai altre storie di abbondanza.) Ecco un brano che ti aiuterà su questo punto importante:

Io (Doreen) ricevo molte richieste d'aiuto attraverso i miei siti internet, i programmi alla radio e i seminari. Spesso le persone mi chiedono risposte ispirate dagli angeli per risolvere situazioni finanziarie e professionali stressanti. Ogni volta noto che, a causa della tensione emotiva, quelle persone usano parole limitanti per descrivere la loro situazione attuale. Spesso non si accorgono che stanno usando affermazioni negative (per esempio: "Sono rovinato") o non sanno che queste affermazioni assicurano che la loro condizione stressante continuerà.

Carolyn Purchase da cinque anni ha un negozio di articoli spirituali in Nuova Scozia. In passato, tutte le volte che qualcuno le chiedeva come andava la sua attività, rispondeva sempre: "Non diventerò mai ricca, ma riesco a pagare le spese." Carolyn ha pronunciato questa frase infinite volte prima di accorgersi del suo impatto.

Un giorno stava parlando con una cara amica del fatto che il negozio avrebbe dovuto essere una miniera d'oro, dato che è l'unico del suo genere in tutta la zona, ha molti clienti e un'ottima reputazione. Le due donne, allora, si sono chieste come mai gli affari non andassero meglio. Come mai gli introiti bastavano solo a comprare la merce e a pagare le spese?

Carolyn ha ricevuto la risposta quando un cliente le ha chiesto dell'andamento degli affari. Mentre stava per accingersi a pronunciare la sua tipica frase – "Non diventerò mai ricca..." – ha avuto una rivelazione e ha risposto: "A gonfie vele! Questo posto è una miniera d'oro!". Lo ha detto con la massima convinzione, credendo fermamente in ogni singola parola.

L'episodio risale a un anno fa e, da allora, tutte le volte che qualcuno le chiede "Come vanno gli affari?", Carolyn risponde sempre che vanno a gonfie vele e che quel posto è una miniera d'oro. Nell'ultimo anno gli incassi sono aumentati del 40 per cento rispetto a quello precedente... e continuano a crescere. Tutto ciò che è cambiato sono le parole di Carolyn: non più limitanti ma piene di vibrazioni energetiche positive. Sono le sue parole ad aver *creato* la miniera d'oro.

Le parole che pronunciamo hanno un impatto diretto sulle nostre finanze: la storia di Carolyn lo dimostra.

Livia Maris Jepsen ha vissuto una vicenda simile. Qualche anno fa, Livia si chiedeva perché le sue preghiere venissero esaudite "quel tanto che bastava", mai di più. Per esempio, se aveva bisogno di denaro per pagare qualcosa, riceveva solo la somma che le serviva, non un centesimo di più. Se aveva bisogno di tempo per finire qualcosa, otteneva giusto quello sufficiente per portare a termine ciò che stava facendo, con i minuti contati... e così via.

Un giorno Livia è andata a trovare un'amica molto benestante a casa della madre di quest'ultima. Dopo aver servito un pasto squisito, la madre ha chiesto: "Basta così per te?" e l'amica ha risposto "Oh sì, mamma, ne ho in abbondanza!". Erano esattamente le parole che Livia aveva bisogno di sentire! In quel momento ha capito che aveva sempre chiesto e affermato "quel tanto che bastava".

Livia spiega: "Se chiedi agli angeli quel tanto che basta, ricevi esattamente quel tanto che basta. Se chiedi e affermi una quantità 'in abbondanza', ricevi sempre più di quanto ti aspetti." Da quando ha cambiato il suo vocabolario, Livia ha conquistato una sicurezza finanziaria assai maggiore.

Se chiedere denaro in abbondanza ti causa disagio, stai sicuro che puoi usare i soldi che ti avanzano per donazioni benefiche, per aiutare i tuoi cari e per finanziare lo scopo della tua vita. Il tuo nuovo flusso di abbondanza ti permette di dare con maggiore generosità!

Diana Mey è un'altra donna che ha imparato il potere che le parole possono esercitare sulle proprie finanze. Per gran parte della sua vita, diceva: "Non ho abbastanza denaro per..." questa o quell'altra cosa. Le sue continue affermazioni negative le assicuravano di non potersi permettere nulla di ciò che desiderava.

Poi Diana ha cominciato a vedere ripetutamente la sequenza numerica 818: la vedeva sugli orologi, sulle targhe automobilistiche, nei numeri di telefono e nelle ricette. Alla fine ha scoperto il motivo di questa ricorrenza nel mio libro *Angeli e numeri* (My Life), dove sono elencate sequenze di numeri ricorrenti con l'indicazione del loro significato. Il libro spiega che 818 è un messaggio angelico che invita a mantenersi positivi riguardo al denaro e suggerisce a chi vede questo numero di usare la seguente affermazione: "Adesso ho raggiunto la sicurezza sul piano finanziario e ho denaro in abbondanza da spendere e da condividere."

Diana ha preso l'abitudine di ripetere con continuità questa affermazione e oggi è sicura sul piano finanziario, ha denaro più che sufficiente da spendere e condividere. Mi ha confessato: "Ora guardo il mondo in modo completamente diverso rispetto al denaro."

Quando tenevo una rubrica mensile su una rivista destinata ai librai, ho ricevuto molte lettere da persone che si trovavano in difficoltà finanziarie. Tutte lamentavano che la città in cui si trovava la loro libreria non era un buon posto per le vendite. Così consigliavo loro di usare parole positive per descrivere l'economia della loro comunità (e del mondo in generale. Dopotutto, se qualcuno dice che l'economia va male, secondo te quale effetto produce su di essa?).

Una donna di nome Lorraine Mills ha scoperto che le sue affermazioni negative sulla città in cui viveva causavano effetti negativi sulla sua attività. Dopo che dalla nativa Inghilterra si era trasferita in Giappone, non faceva che ripetere che nella sua nuova città non c'era una clientela sufficiente per mandare avanti il suo studio di terapia olistica. Di certo l'attività – che in Inghilterra aveva prosperato – aveva subito una forte contrazione con il trasferimento, così, dopo diversi anni di difficoltà, Lorraine progettava di tornare in Inghilterra.

Ha preparato un piano imprenditoriale e ha visualizzato di avere un'attività terapeutica molto florida al suo ritorno nel Regno Unito. Ma la cosa interessante è che proprio allora i clienti hanno cominciato ad arrivare nel suo studio in Giappone! Lorraine ha capito che le sue affermazioni negative sull'economia laggiù respingevano gli affari. Mi ha detto: "Affermavo che non c'erano clienti per la mia attività terapeutica in Giappone, quindi ottenevo proprio questo." Quando ha visualizzato il successo, è stato come stendere un tappeto rosso fuori dalla porta del suo studio.

A volte una situazione dolorosa ci apre gli occhi sul ruolo che il nostro vocabolario sta giocando, come ha scoperto Caryn Connolly. Dopo aver perso il suo lavoro nel campo dell'ingegneria, ha cominciato a dire a tutti: "Sono disoccupata." Caryn cercava disperatamente un nuovo impiego, ma senza successo. Poi ha capito che continuando a dire di essere disoccupata, stava *creando* quella situazione. Così ha smesso di usare quella parola e, poco dopo, si è vista offrire un posto da ingegnere con uno stipendio che le permetteva di pagare tutte le sue spese. Caryn ha commentato: "Cambiando le parole che usavo con me stessa e con gli altri, sono riuscita molto rapidamente a richiamare l'abbondanza nella mia vita."

Caryn non ha cominciato a usare parole o affermazioni positive. Ha semplicemente *smesso* di usare l'affermazione negativa "Sono disoccupata"... e tutto è cambiato.

L'abbondanza comincia nella mente

Con la manifestazione delle tue richieste, ottieni esattamente ciò che ti aspetti, ogni singola volta, senza eccezioni. Nella storia dell'uomo non esiste un caso in cui una persona si sia trovata a essere ricca, povera o in una condizione intermedia senza *aspettarsi* a un certo punto di trovarsi in quella situazione. A volte impariamo dai nostri genitori o dal nostro contesto culturale a mantenere le nostre aspettative al minimo, perciò non chiediamo mai di più. L'abbondanza sembra qualcosa che riguarda solo gli altri.

Per cambiare la tua vita in meglio e bandire per sempre le abitudini negative che hai coltivato in passato, devi cambiare il tuo modo di pensare e di parlare. Se pensi o parli in termini negativi, non ti metti nei guai, ma presto comprenderai che, ogni volta che lo fai, sprechi un'occasione. Nessuna situazione al mondo può essere migliorata con preoccupazioni e lamentele, mentre quasi tutte si possono migliorare considerandole in termini positivi.

Perché questo accade? Innanzitutto perché vedendo una situazione in termini positivi si riconosce che esiste una speranza. Questo approccio mentale ti permette di pensare in modo creativo per risolvere un problema, invece di dichiarare che la situazione è disperata e rinunciare a migliorarla. La speranza e la fede sono energie dotate di un magico potere magnetico che attira soluzioni, decisioni e opportunità.

In pratica, è più facile passare del tempo con persone positive che non con persone che percepiamo come lamentose o eccessivamente negative. È nella natura umana aiutare coloro che compiono passi concreti per migliorare la propria vita. Allo stesso modo, gli altri sono più inclini ad aiutarci quando cerchiamo di guardare il lato positivo di ogni situazione. Oltre a queste implicazioni pratiche, però, i nostri pensieri e le nostre parole hanno anche implicazioni spirituali.

Nel corso delle ricerche per scrivere il nostro libro precedente, *Le parole degli Angeli*, è emerso chiaramente che le parole che usiamo e il modo in cui le pronunciamo contengono una reale energia. Le parole positive hanno un'energia molto più elevata di quelle negative e perciò hanno un impatto assai maggiore sul mondo che ci circonda. Ogni parola che pronunciamo esce dalla nostra bocca a poco meno di milleduecento chilometri all'ora (all'incirca la velocità del suono). A livello microscopico i suoni possono scalfire il cristallo e si può presumere che tutti gli oggetti fisici, essendo così strettamente collegati a livello atomico, reagiscano in modo simile, se non identico. La neuroscienza ha dimostrato che anche i nostri pensieri contengono energia, perciò non è azzardato sostenere che i pensieri positivi contengano energia più elevata di quelli negativi.

Se li prendiamo almeno momentaneamente per buoni, tutti questi assunti sull'energia ci dicono molto sul modo in cui possiamo esprimere ciò che desideriamo davvero e non ciò che preferiremmo evitare.

Per nostra fortuna, le parole e i pensieri positivi sono molto più potenti di quelli negativi, perciò possiamo annullare all'istante tutte le cose potenzialmente negative che si presentano sul nostro cammino aggirandole e rendendole positive non appena riconosciamo la parola o il pensiero negativo che abbiamo formulato.

Forse il modo più semplice per capire come funziona la manifestazione delle richieste è considerarla come un pasto, in senso metaforico (come gli spaghetti al pesto del capitolo dedicato al Primo messaggio). Il particolare ristorante in cui hai ordinato questo pasto ha il menù più vasto che si possa immaginare: comprende quasi tutte le pietanze concepite dagli esseri umani. Sembra meraviglioso, ma i camerieri non esprimono opinioni personali. Se ordinassi il piatto peggiore in assoluto, non batterebbero ciglio. Allo stesso modo, resterebbero impassibili anche se scegliessi la specialità della casa; il loro desiderio di servirti ciò che chiedi annulla le loro emozioni o opinioni. Se ordini un'omelette quando in realtà desideri un piatto di spaghetti al pesto, loro presumono che ciò che hai detto corrisponda alle tue intenzioni. Lo stesso accade nella vita.

Standi così le cose, la specificità deve diventare il compito numero uno quando lavori per raggiungere un obiettivo. La nostra assoluta convinzione di farcela non deve vacillare. Se è vero che cresciamo e impariamo ogni volta che imbocchiamo un percorso negativo, è altrettanto vero che dobbiamo imporci una disciplina per far sì che il pensiero negativo diventi un'eccezione, non la regola.

Molti di noi hanno sentito più volte la frase "Fai attenzione a ciò che desideri". E questa frase non è mai così vera come nel caso della manifestazione di quel che vogliamo, perché non sappiamo mai quando ci arriverà l'oggetto dei nostri pensieri. Potrebbe essere buono o cattivo, ma in ogni caso non sappiamo mai quando arriverà.

Per la maggior parte del tempo, nella vita ci arrivano cose buone; ma di quando in quando noi stessi ordiniamo, metaforicamente, un piatto dal sapore pessimo e quindi ci arriva qualcosa di cattivo. Tuttavia, ogni volta che ci aspettiamo che nella nostra vita arrivi qualcosa di buono (o di meglio), ci arriva.

Queste parole potrebbero sembrarti strane perché di sicuro, a un certo punto della tua vita, hai desiderato qualcosa che non è arrivato. Come mai è andata così? Diversi fattori potrebbero aver inciso su quel particolare desiderio. Forse non volevi quella cosa quanto credevi, perciò, anche se in un dato momento la desideravi, hai cambiato idea proprio mentre era in procinto di arrivare da te. Forse hai semplicemente perso la speranza o la concentrazione, e, come si suol dire, hai "rinunciato cinque minuti prima del miracolo". Oppure, molto probabilmente, l'oggetto dei tuoi desideri non era funzionale allo scopo più elevato della tua vita: in sostanza non era benefico. Comunque sia, è importante non fissare i tuoi pensieri su quel caso particolare in cui hai provato a manifestare un desiderio e non è stato esaudito. Anche se non sai perché non ha funzionato, stai pur certo che c'è una valida ragione se è andata così.

Ricorda che le aspettative sono desideri. Può capitare che chiedi qualcosa, ma intimamente non ti aspetti che si concretizzi. Così facendo, invalidi il desiderio con i pensieri negativi sulla possibilità che si realizzi. È fondamentale credere nella possibilità di ottenere ciò che stai chiedendo! Se chiedi un aumento e una promozione al lavoro ma dentro di te dubiti che ti verranno concessi, i tuoi dubbi equivalgono a desideri che bloccano il tuo progresso.

Indugiare sul motivo per cui non hai ottenuto ciò che volevi non ti aiuterà in nessun aspetto della tua vita, tanto meno nella richiesta di un autentico benessere economico. È molto più importante focalizzarsi sul futuro con un approccio vitale e ottimistico. Mantenere uno stato d'animo positivo aiuta a fare in modo che nella tua vita entrino solo le cose che desideri davvero, non quelle che ti spaventano.

Dobbiamo superare la paura proprio perché, come esseri umani, abbiamo la prodigiosa capacità di attirare a noi ciò a cui pensiamo di più. Per nostra fortuna, siamo accuditi da esseri divini ogni attimo di ogni giorno e perciò non abbiamo fondati motivi di essere così timorosi.

Tenere sempre in mente questo concetto ti permette di dimenticare tutte quelle cose che preferiresti non avere nella tua vita e di focalizzarti invece su ciò che ti serve per il tuo bene. Quando non ti senti al meglio, o sei un po' demoralizzato per la tua situazione, è vitale che presti attenzione ai tuoi pensieri e alle tue parole. È proprio quando sei dominato da emozioni particolarmente forti che il potere di manifestazione di pensieri e parole è più rapido. In quei momenti sei più convinto di ciò che vuoi e perciò i tuoi desideri sono più chiari: è questa la chiave per avere una mentalità orientata all'abbondanza.

QUINTO MESSAGGIO

ENERGIA ELEVATA = MANIFESTAZIONE RAPIDA

Se hai urgente bisogno di denaro (o di qualunque altra cosa), puoi accelerare le tue manifestazioni alzando i tuoi livelli di energia. Quanto più rapide ed elevate saranno le tue vibrazioni, tanto più velocemente i tuoi pensieri si concretizzeranno.

Gli Angeli dell'Abbondanza ci insegnano che i casi in cui si verifica un circolo vizioso sono fin troppo frequenti: una persona è depressa per come sta andando la sua vita e a quel punto ogni ambito della sua esistenza sembra bloccarsi. In pratica, quando va male qualcosa, comincia ad andare male anche tutto il resto.

Per spezzare questa "reazione a catena" della sfortuna, devi essere tu a compiere il primo passo. E ciò significa che devi alzare i tuoi livelli energetici in modo da connetterti direttamente con le energie dell'universo, che sono rapide e hanno vibrazioni elevate. Ciò non implica che se salti questo passaggio non sarai capace di esprimere le tue manifestazioni, ma solo che arriveranno più lentamente di quanto desideri.

Sul piano concreto, per aumentare i tuoi livelli energetici dovrai dedicarti a cose che forse non hai voglia di fare nell'immediato; per esempio svolgere attività fisica, depurare l'organismo, mangiare meglio, concederti lunghe notti di sonno e così via. Forse penserai: "Potrò prendermi cura di me quando avrò più denaro e mi sentirò più sicuro." Ma in realtà è vero il contrario!

Per fortuna gli angeli possono aiutarti. Puoi invocare l'Arcangelo Raffaele, il cui nome significa "Dio guarisce", perché ti aiuti a chiedere riguardo a motivazione, tempo, denaro, accudimento dei figli, mezzi di trasporto e ogni altra forma di supporto che ti serve per prenderti cura di te.

Ecco una preghiera che ti aiuterà a incrementare il tuo desiderio di una vita più sana:

"Caro Dio e caro Arcangelo Raffaele, vi prego di aiutarmi a prendermi cura del mio corpo fisico. Desidero sentirmi bene e voglio avere vitalità ed energia. Vi prego di liberarmi da ogni mia paura sull'adozione di uno stile di vita più equilibrato. Vi prego di incrementare la mia motivazione a fare attività fisica, a mangiare in modo sano e a prendermi la massima cura del mio corpo fisico. Grazie e amen."

Mangiare bene spendendo poco

Molte persone dicono che mangerebbero meglio se avessero più denaro. Comprerebbero cibi biologici nei negozi di alimentazione naturale. Ma anche in questo caso vale *il contrario*. In realtà mangiare in modo sano è un investimento in tutti i sensi, anche per quanto riguarda le tue finanze. Se fai la spesa nei mercati agricoli, nelle cooperative, nelle fattorie locali o se coltivi da te i tuoi alimenti, i prezzi dei cibi biologici sono simili a quelli dei prodotti trattati con i pesticidi. Inoltre, quando compri cibi non biologici, considerando i danni alla salute che provocano, paghi per mangiare sostanze chimiche.

Tutti dovrebbero fare del proprio meglio per nutrirsi con alimenti biologici e non geneticamente modificati. Assicurarsi che la frutta, la verdura e i cereali che mangiamo siano biologici fa bene a tutti.

C'è però la falsa convinzione che i cibi biologici siano troppo costosi per le tasche del consumatore medio. Se è vero che alcuni negozi di alimentazione naturale hanno prezzi più alti della media dei comuni supermercati, è anche vero che i prezzi tenderanno a livellarsi man mano che crescerà la domanda di cibi biologici da parte dei consumatori. Se il tuo supermercato locale non vende questi prodotti, chiedi al direttore di ordinarli... e poi *compra* quegli articoli per incoraggiare il supermercato a continuare a venderli.

Rifornirsi ai mercati agricoli, alle cooperative, alle fattorie locali e al tuo orto è il modo più conveniente di mangiare frutta e verdura. Inoltre, comprare e mangiare cibo di coltivazione locale va a vantaggio anche dell'ecologia, della comunità e dell'energia!

Molte famiglie stanno trasformando i loro prati in orti per coltivarsi il cibo. Pensa a quanto potrete divertirvi insieme tu e i tuoi figli piantando, curando e raccogliendo i vostri vegetali. Se non hai un giardino, puoi sfruttare il balcone o il terrazzo. Esistono anche piante idroponiche che non richiedono un terreno né la luce del sole. *Tutti* possiamo coltivare prodotti biologici e quelli tipici della nostra tradizione alimentare!

Camminare: mettersi nella direzione giusta

Oltre a seguire un'alimentazione sana, anche fare movimento aumenta i tuoi livelli di energia. Non tutti però sono entusiasti di intraprendere un programma di fitness. Molti considerano l'attività fisica come un peso e ricordano con dolore le estenuanti lezioni di educazione fisica a scuola, quando erano costretti a fare dieci giri di corsa intorno al cortile. Qualcuno dirà: "Bene, seguirò i consigli di questo libro ma salterò la parte sull'attività fisica." Altri, che conducono una vita sedentaria da sei mesi o più, eviteranno saggiamente di tuffarsi in un programma di tipo aerobico. Sarà meglio per loro integrare gradualmente il movimento nel loro stile di vita.

La camminata è un'attività dolce indolore che ti permette di introdurre il movimento nella tua vita e ti aiuta a bruciare grassi e calorie. Pur non essendo un'attività aerobica (a meno che non scelga la camminata veloce), ti mette nella direzione giusta e potrebbe incoraggiarti a passare a un programma più intenso.

Il nostro programma di camminate implica l'aggiunta di tre attività nella tua consueta routine quotidiana:

1. Se ti sposti in automobile, lasciala sempre ai margini esterni dell'area di parcheggio. Se ti sposti con i mezzi pubblici, se ti sembra sicuro e fattibile scendi dal treno o dall'autobus una fermata prima della tua. Così facendo avrai l'opportunità di camminare per raggiungere la tua destinazione, e magari risparmierai alla tua auto eventuali ammaccature tipiche dei parcheggi.
2. Prendi le scale invece dell'ascensore: eviterai la calca e forse arriverai a destinazione più velocemente, non dovendo aspettare che arrivi.
3. Una volta al giorno, esci per una passeggiata di mezz'ora nel tuo quartiere o nella zona in cui lavori. Imponiti questa regola e fai in modo di rispettarla sempre. Dopo i pasti, chi tende a mangiare troppo farebbe bene a adottare l'abitudine di uscire a prendere un po' di aria fresca. Le casalinghe, i turnisti e coloro che lavorano fuori casa dovrebbero fare passeggiate mattutine per attivare il metabolismo ed evitare di mangiare troppo durante il giorno. Altri potrebbero portarsi

le scarpe da camminata al lavoro e uscire per una passeggiata durante la pausa pranzo. È un modo naturale per bruciare calorie ed evitare la tentazione di consumare un pasto troppo pesante.

Introducendo il movimento nel tuo stile di vita, produci un effetto a cascata che sviluppa una mentalità orientata alla salute. Dopo aver dedicato tempo e impegno al movimento, tenderai a non vanificare i tuoi sforzi mangiando in modo inadeguato.

Se i tuoi orari non ti permettono di andare a camminare perché torni a casa tardi la sera (o non ti senti sicuro girando nel tuo quartiere), fai una passeggiata nella zona dei negozi o nel centro commerciale più vicino. Ma stai alla larga dalle pasticcerie! In alternativa potresti camminare sul posto o usare il tapis roulant a bassa velocità mentre guardi il tuo programma preferito alla televisione.

Che tipo di attività fisica preferisci?

Non commettere l'errore di aspettare di essere dell'umore giusto per cominciare un programma di attività fisica, perché quel giorno potrebbe non arrivare mai: spingiti invece a fare del movimento fin d'ora. Se non sei iscritto a una palestra, forse è arrivato il momento di farlo. Fare ginnastica a casa da soli richiede una straordinaria autodisciplina, che molti di noi, quando si tratta di cominciare un programma di attività fisica o una dieta, non hanno. Scegli una palestra in cui ti senti a tuo agio, che sia abbastanza vicina a casa o al posto di lavoro, in modo da andarci regolarmente almeno quattro volte a settimana.

Molte persone provano imbarazzo a frequentare una palestra perché pensano di essere troppo in sovrappeso per fare ginnastica in calzoncini davanti a degli estranei. Posso comprendere questa logica assurda perché (io, Doreen) pensavo la stessa cosa anni fa. È come voler pulire la tua casa prima che arrivi la donna delle pulizie affinché non creda che tu sia una persona sciatta. Ma non cadere in questa trappola, perché le palestre esistono apposta per aiutarti a tonificare i muscoli e a perdere i chili in eccesso. Tra l'altro, ho scoperto che quasi tutte le persone – maschi e femmine – che frequentano le palestre sono troppo assorbite da quel che stanno facendo per prestare attenzione a chi si allena accanto a loro. È molto importante che tu scelga un'attività che ti piace, altrimenti sarà ancora più difficile trovare la motivazione per praticarla.

Per decidere quale attività ti piacerebbe cominciare, pensa alle tue inclinazioni naturali:

– Preferisci stare da solo? Allora forse farai bene a svolgere esercizi a casa. Siccome non avrai nessuno che ti spinge a farlo, dovrai essere tu a stabilire una tabella di marcia per inserire un po' di movimento nella tua vita. Potresti affiancarlo a un'altra attività che per te è già un'abitudine consolidata, per esempio il telefilm delle due o la trasmissione radiofonica delle quattro. Così facendo creerai un promemoria per ricordarti che è ora di seguire il tuo programma preferito *e al tempo stesso* di saltellare sul tappeto elastico.

– Preferisci stare con un'altra persona? In questo caso potresti apprezzare sport da praticare in coppia come il tennis e lo squash. Questa potrebbe essere la soluzione ideale se tu e il tuo compagno di attività fate un patto per "costringervi" gentilmente a vicenda a fare sport nei giorni in cui nessuno o uno dei due ne ha voglia.

– Ti piace stare in mezzo a *molte* persone? In questo caso potresti divertirti andando in palestra e seguendo corsi di aerobica, yoga, arti marziali o danza, così avrai anche l'occasione di conoscere nuovi amici.

– Ti piace stare al chiuso? Allora faresti bene a scegliere attività che si svolgono nelle palestre, nelle scuole di arti marziali e di danza, o tennis al coperto e nuoto in piscina; oppure ginnastica a casa.

– Preferisci gli spazi aperti? Allora le attività più adatte a te saranno il tennis all'aperto, la bicicletta, alcuni sport di squadra, la canoa, il jogging, l'escursionismo o la camminata veloce.

– Vuoi tonificare i muscoli? L'ideale per te potrebbero essere gli esercizi con i pesi – utilizzando i manubri o altri attrezzi – ma anche lo yoga, il jogging su terreno sabbioso o gli esercizi con la banda elastica.

Ci sono altri fattori da considerare, per esempio il tuo budget. Alcune attività, come il tennis o i corsi in palestra, possono comportare un forte esborso di denaro per acquistare la tenuta e le scarpe adatte e pagare la quota d'iscrizione. Quando (io, Doreen) frequentavo la palestra, usavo principalmente l'ellittica e i manubri, poi ho scoperto che era più economico acquistare questi attrezzi e usarli a casa, risparmiando i soldi della rata mensile in palestra (ed evitando le code che si formavano sempre per usarli). Altre forme di attività, come la camminata veloce o la ginnastica seguendo dei videocorsi, non costano praticamente nulla (assicurati però di indossare sempre scarpe adatte, a prescindere dall'attività che scegli).

Mantieni la motivazione

Quante volte ti sei iscritto in palestra, hai acquistato attrezzature per fare ginnastica a casa o hai cominciato un programma di jogging per poi rinunciare dopo un solo mese? Se sei come la maggior parte delle persone, la risposta potrebbe essere: "Troppe volte perché possa ricordarle."

L'attività fisica, pur essendo una componente importante di qualunque programma di benessere, è spesso la prima cosa che accantoniamo quando la nostra agenda è fitta di impegni. Per alcune persone la parte più difficile è cominciare, tuttavia una volta che iniziano a fare movimento non riescono più a rinunciarvi. Per molti di noi, la cosa più difficile è mantenere la costanza. Corriamo, facciamo esercizi con i pesi o nuotiamo finché non ritroviamo la forma fisica, poi, per qualche ragione, smettiamo. E quando smettiamo, spesso ricominciamo a mangiare troppo. Questa volta, pianifica di mantenerti costante nel tuo programma salutare!

Ricorda che non c'è un punto d'arrivo con l'attività fisica. Non è che, una volta tornati in forma, possiamo dire: "Bene, basta così. Ho chiuso per sempre con il movimento." Ecco alcuni consigli che ti aiuteranno ad avere costanza nel tuo programma di attività fisica. Prova a metterli in pratica: sono davvero molto utili!

– È più probabile mantenere la costanza se lo sport che hai scelto ti piace. Tieni a mente che potrebbe volerci del tempo per trovare l'attività giusta per te, perciò abbi pazienza se quella che pratichi attualmente non ti soddisfa appieno. Invece di smettere del tutto, passa gradualmente a un altro tipo di sport.

– Pianifica il movimento inserendolo nella tua agenda come faresti per qualunque altra attività importante. Prendi una penna e segna sul calendario in quali giorni decidi di fare moto. Cerca di essere realistico nella stesura del programma per evitare di incorrere nella frustrazione. Inoltre, colloca l'attività fisica negli orari in cui hai il tuo picco di energia (per esempio, se sei "mattiniero", stabilisci di fare moto nelle prime ore del giorno), così avrai più voglia di muoverti.

– Non pensare che l'attività fisica sia un optional. Così come non ti sogneresti di perdere una riunione importante o un appuntamento dal medico, mantieni la promessa con te stesso e fai movimento ogni volta che è segnato in agenda.

– Se cominci a trovare scuse sul perché non hai tempo di fare moto, *smettila* subito! Non darti nemmeno una possibilità di pensare di non fare moto! Non vai alla ricerca di giustificazioni per evitare di fare la doccia tutti i giorni, vero? È ovvio! Ti capita mai di dire: "Non ho tempo di lavarmi i denti e i capelli"? No. Inserisci il movimento nella categoria di cose che fai naturalmente, come vestirti e pettinarti.

– Compra una nuova tenuta o nuove scarpe sportive. Non c'è nulla come sentirti attraente per incoraggiarti a fare moto. Così come sei più entusiasta di andare al lavoro se hai un bell'abito nuovo che ti dona, ti sentirai più incentivato a fare moto se sai di apparire al tuo meglio.

– Ricompensati per aver fatto attività fisica, ma solo dopo averla svolta. Per esempio, puoi rimandare il tuo spuntino serale fino a quando non avrai terminato la tua sessione di fitness, oppure mettere dei soldi nel tuo salvadanaio ogni volta che fai moto, e poi spendere quel denaro per cose che ti gratificano una volta a settimana o una volta al mese.

– Prega per avere una guida spirituale che ti mantenga motivato a prenderti cura del tuo corpo. Dio provvede a *tutti* i tuoi bisogni, compresi quelli emotivi. Ma dobbiamo ricordarci di chiedere il suo aiuto, come abbiamo spiegato commentando il Primo messaggio.

– Gli sport di squadra possono aggiungere un po' di divertimento al tuo programma di attività fisica e possono aiutarti a mantenere alta la motivazione (non c'è nulla come una serie di partite a eliminazione diretta per costringerti a fare movimento). Contatta i parchi, i centri ricreativi e le istituzioni locali e chiedi di unirti alla loro squadra di pallavolo, calcio o basket.

– Considera l'idea di ingaggiare un personal trainer. Questa persona ti aiuterà a elaborare un programma di fitness su misura per i tuoi obiettivi e le tue esigenze. Dopodiché ti seguirà per tutto il programma – a casa o in palestra – per far sì che tu esegua gli esercizi per intero e in modo sicuro. Una mia amica molto intelligente ha *prepagato* il suo personal trainer per un programma di tre mesi. Così facendo si è assicurata di non abbandonare gli esercizi come aveva fatto in passato, inoltre ha ottenuto un forte sconto per aver pagato in anticipo. Per scoprire i costi di un personal trainer, rivolgiti alla tua palestra locale.

– Condividere l'attività fisica con un amico è un altro modo utile per tenere alta la motivazione, è importante divertirsi e avere qualcuno con cui conversare durante il moto. Fai un patto con un amico stabilendo tra voi che gli alibi per evitare il vostro appuntamento sportivo sono inaccettabili e vedrai che riuscirete a incitarvi l'un l'altro a seguire con costanza il vostro programma.

– Forma un gruppo di camminatori con i tuoi vicini di casa. Camminando in cinque o in sei persone potrete intrattenere conversazioni stimolanti, e probabilmente vi sentirete più sicuri a farlo in gruppo.

– Nel tuo programma di attività fisica, procedi giorno per giorno. Poniti piccoli obiettivi e abbi pazienza mentre aumenti gradualmente i chilometri di corsa, migliori la resistenza aerobica o perdi peso poco alla volta. Cerca di non fare confronti con gli altri, se non per fissare obiettivi futuri.

– Nessuna scusa (fatta eccezione per la malattia e gli infortuni) è accettabile per perdere la tua sessione quotidiana di attività fisica. Se un giorno, dopo aver considerato le tue ragioni con brutale onestà, decidi che proprio non puoi fare movimento al mattino come avevi pianificato, allora riformula il tuo programma e sposta la sessione alla sera. Ricorda che le scuse non alzano la tua energia a livelli che attraggono l'abbondanza.

– Alcune persone abbandonano il loro programma di fitness perché hanno esagerato e dunque avvertono un "esaurimento da fatica fisica". Cerca di essere realistico quando stabilisci il carico di lavoro da svolgere durante l'allenamento e metti a punto un programma di esercizi e attività equilibrato.

– Vai in albergo per il fine settimana o parti per un convegno di lavoro? Non lasciare che questi eventi interrompano il tuo programma di attività fisica. Cose di questo tipo possono spezzare la nostra tabella di marcia e indurci ad abbandonare del tutto il nostro allenamento. Scegli solo hotel che abbiano sale attrezzate per la ginnastica, o siano vicini a palestre e percorsi per fare jogging, o possano fornire informazioni su club di fitness convenzionati che offrano sconti ai clienti dell'albergo.

– Molte persone trovano che l'attività aerobica scatena idee creative. Questo accade perché essa aumenta l'afflusso di ossigeno e la produzione di serotonina. Per questo motivo potresti portare con te un piccolo registratore o carta e penna mentre fai moto per fissare le idee appena ti vengono in mente. Così facendo, avrai una ricompensa aggiuntiva per aver fatto movimento.

– Infine, se la tua motivazione a svolgere attività fisica è molto bassa, prova il mio "Patto personale del quarto d'ora". Di' a te stesso: "Farò movimento per un quarto d'ora. Dopodiché, se vorrò fermarmi, mi fermerò. In fondo, un quarto d'ora di movimento è meglio di niente." Ti posso garantire che quasi certamente dopo quel primo quarto d'ora vorrai continuare.

Svolgere una regolare attività fisica è un passo importante, tanto quanto gli altri per aumentare i tuoi livelli energetici, quindi ti prego di non saltarlo. Ricorda: l'attività fisica non è un optional!

Disintossicazione angelica

Gli angeli possono aiutarti a disintossicarti da qualunque cosa e da chiunque abbassi i tuoi livelli di energia. Ricorda che la scelta di *come* apportare cambiamenti positivi spetta a Dio. Cerca di non preoccuparti per il modo in cui disintossicherai la tua vita, perché la preoccupazione è una delle attività più tossiche e che drenano più energia.

Immagina la tua vita come una mongolfiera che cerca di salire sempre più in alto. Quali zavorre devi gettare fuori bordo? Qual è la prima risposta che ti viene in mente? Fidati di quella risposta!

Chiedi a Dio e agli angeli di darti il supporto necessario ad apportare cambiamenti positivi nella tua vita, ma ricorda sempre che aspettare di avere denaro per progredire è il contrario di ciò che va fatto. *Prima* devi apportare cambiamenti positivi, *poi* arriverà il flusso di abbondanza.

SESTO MESSAGGIO

Datti da fare!

Manifestare richieste di abbondanza implica assumersi la propria responsabilità e collaborare con il Cielo in un lavoro di squadra. Spesso questo processo viene definito *co-creazione*.

Non basta restare seduti a coltivare pensieri positivi. Certamente quei pensieri positivi attrarranno meravigliose opportunità, ma devi comunque attraversare la soglia e coglierle.

Ci sgomenta vedere libri che insegnano che il segreto per la manifestazione consiste semplicemente nel formulare pensieri positivi. Con questo approccio passivo le persone sono condannate alla frustrazione. E perdono fiducia nel pensiero positivo perché non funziona come il libro aveva promesso!

Il vero segreto è che il pensiero positivo è solo un ingrediente della ricetta della manifestazione.

Gli altri sono descritti in questo libro. Non puoi aspettarti di preparare una torta squisita servendoti solo della farina, ma è questo che significa contare solo sul pensiero positivo.

Questo messaggio degli Angeli dell'Abbondanza ci invita a fare la nostra parte con le azioni concrete che possiamo compiere in quanto esseri umani. Per esempio: per scrivere questo libro abbiamo dovuto sederci e digitare fisicamente le parole. Il libro non si è manifestato magicamente da qualche nuvola in cielo. A prescindere da quanto abbiamo visualizzato il libro intero e da quanto fossero positivi i pensieri che abbiamo coltivato, queste pagine ora non esisterebbero se non fosse per le concrete azioni umane che hanno concorso alla sua scrittura. E per scriverlo abbiamo dovuto dire di no alle distrazioni e ad altre attività. Abbiamo dovuto dire di no anche alle insinuazioni dell'ego che voleva trattenerci dal terminarlo.

Tattiche di rinvio

Gli angeli ci illustrano le modalità in cui l'ego si adopera per distrarci dallo scopo della nostra vita. Definiscono queste manovre "tattiche di rinvio".

Le tattiche di rinvio includono tutti quei comportamenti che assorbono il tuo tempo e la tua energia in modo che poi non te ne rimangono abbastanza per concentrarti sulle tue vere priorità. Di solito si tratta di comportamenti a cui ti dedichi in modo compulsivo per compensare le tue paure.

Le tattiche più comuni includono:

- alimentazione smodata;
- abuso di sostanze;
- dipendenza da internet;
- shopping compulsivo;
- apprensione.

Prenderti cura di te implica dedicare almeno un'ora al giorno, senza eccezioni, a focalizzarti sulle tue passioni, le tue priorità e il tuo scopo (che di solito coincidono).

Questo comporta che devi avere il coraggio di affrontare le tue dipendenze e altre tattiche di rinvio. Se la tua dipendenza è completamente fuori controllo, cerca un aiuto professionale, online o di persona.

In realtà, molti di questi comportamenti determinati dalla dipendenza sono tentativi di raggiungere la felicità e la serenità. L'ego ti dice che se bevi un altro bicchiere di alcol, ti compri un altro vestito, t'imbarchi in un'altra relazione, fumi un'altra sigaretta e così via... allora sarai finalmente felice e sereno.

Sii onesto con te stesso ammettendo che la tua particolare tattica di rinvio ha prodotto il risultato contrario e di fatto ha *interferito* con la tua felicità, la tua salute e il tuo scopo. Dialoga con le tue tattiche di rinvio e congedale per sempre. Sii disposto a perdonare te stesso e tutte le persone che hanno contribuito a innescare le tue tattiche di rinvio.

Ogni esperienza che hai vissuto è stata una maestra e ti ha offerto l'opportunità d'imparare e di crescere, perciò tutte le tattiche di rinvio che hai adottato ti hanno insegnato qualcosa e ti hanno portato cose buone, anche se ora non riesci a scorgerle.

Lo scopo delle tattiche di rinvio è di evitare che tu faccia dei passi avanti. Rappresentano i modi in cui il tuo inconscio e il tuo ego ti impediscono di sperimentare rifiuti e delusioni riguardo ai tuoi sogni. Le tattiche di rinvio lasciano i tuoi sogni in uno stato di sospensione perpetua, in cui non devi affrontare il dolore che proveresti se t'impegnassi per realizzarli e alla fine non si avverassero.

Correre dei rischi e affrontare le paure

Tendiamo a rimandare le nostre azioni concrete perché l'ego ci dice che è pericoloso per i nostri sogni. Ci dice che falliremo, saremo derisi o rifiutati e forse perderemo tutto e tutti.

Ma i sogni, come i biglietti della lotteria, possono avere successo solo se dai loro una possibilità. La verità è che ogni persona di successo ha avuto, e ha ancora, delle insicurezze. A nessuno piace subire fallimenti e rifiuti!

E tutte le persone di successo hanno anche dovuto correre rischi emotivi, finanziari e a volte fisici per realizzare i loro sogni. Un commerciante deve correre il rischio di investire del denaro per aprire un nuovo negozio. Uno scrittore deve correre il rischio di subire dei rifiuti e d'investire molto tempo, ore e ore trascorse a scrivere e a proporre il suo materiale agli editori. Un artista corre il rischio di essere umiliato se gli altri non apprezzano la sua opera. E un attivista rischia di essere etichettato come un teorico del complotto, un pessimista o un paranoico perché si fa portavoce di delicate problematiche sociali.

Giocare sul sicuro non ti porterà da nessuna parte. Conformarti alla media delle persone non ti frutterà un dieci e lode nella vita. Non c'è nessuno in Cielo che, con un blocco in mano, giudica tutte le tue azioni.

Lungo il cammino della manifestazione ci saranno battute d'arresto e momenti poco piacevoli. Noi abbiamo dovuto sopportare persone che ci hanno ridicolizzato e cose ben peggiori. Esponendosi al pubblico si diventa sempre bersaglio dei critici da salotto.

Ma sai qual è la verità? Ciascuna di queste esperienze è stata una preziosa lezione di vita. E lo stesso vale per te. Se qualcuno ti critica, significa che ha tempo da perdere per giudicare, quando in realtà dovrebbe dedicare quel tempo allo scopo della sua vita, non pensi?

Impegnati almeno un'ora ogni giorno per *realizzare* il tuo sogno. Non importa *cosa* fai: importa che tu faccia qualcosa – qualunque cosa – che sia collegato al tuo sogno... e l'abbondanza verrà da sé.

SETTIMO MESSAGGIO

VISUALIZZA IL SUCCESSO

Gli Angeli dell'Abbondanza hanno la specifica missione di portare pace nel mondo, eliminando lo stress dovuto alla mancanza di risorse e alle limitazioni. Questi angeli supportano lo scopo della nostra vita aiutandoci a visualizzare i nostri desideri. Sanno che otterremo esattamente ciò che visualizziamo, perciò ci ricordano con gentilezza di avere sempre in mente immagini positive e piene d'amore di ciò che vogliamo veramente chiedere. È soprattutto per questo motivo che gli angeli ci esortano a evitare immagini e film che raffigurano negatività o violenza. Gli angeli desiderano che vediamo qualcosa in grado di portarci gioia, non dolore.

Per fortuna la visualizzazione è molto semplice da spiegare e da mettere in pratica. Anche se c'è chi ne parla come di un qualcosa complesso e inaccessibile, possiamo assicurarti che molto probabilmente è una cosa che fai già.

La magia dell'immaginazione

Come abbiamo detto, tutti nasciamo con la magia dell'immaginazione; alcuni di noi, però, hanno semplicemente dimenticato come si usa.

Considera il fatto che i bambini sembrano avere un'immaginazione sconfinata rispetto agli adulti. Forse la perdiamo perché gradualmente ci lasciamo irretire dal "mondo reale"? O forse, poco a poco, abbiamo dimenticato che il nostro non è l'unico mondo "reale" che esista?

È proprio quando dimentichiamo o neghiamo l'esistenza della magia che limitiamo le nostre esperienze nel mondo di oggi. Certo, possiamo comprendere le argomentazioni che molti avanzano, ovvero che non hanno tempo per queste assurdità infantili. Altri dicono che il problema sono i soldi, o che la loro famiglia li sta bloccando. Sebbene ciò può essere vero nel mondo fisico, la mancanza di tempo di certe persone ha molto più a che vedere con il fatto che sono talmente irretite dal "mondo reale" da non riuscire nemmeno a immaginare che possa esisterne un altro. Inoltre rifiutano di utilizzare gli strumenti disponibili che garantirebbero loro di avere, di fatto, tempo a sufficienza.

La visualizzazione è un metodo con cui evochi un'immagine nella mente. Sì, è molto semplice. Per esempio, richiama l'immagine della tua colazione di questa mattina nel modo più dettagliato possibile. Visualizza le stoviglie che hai usato e le posate con cui hai mangiato. Immagina la consistenza, il sapore e il profumo del cibo. Riesci a vedere quel pasto nella tua mente? È così reale che riesci quasi a sentirne il gusto?

Congratulazioni! Hai portato a termine una visualizzazione. Non scoraggiarti se non sei riuscito a visualizzare ogni singolo dettaglio con questo esercizio. Bisogna fare pratica per perfezionare la tecnica, e questo richiede un po' di lavoro, ma consideralo un allenamento per il tuo nuovo compito: quello di manifestare i tuoi desideri, non solo nelle occasioni in cui hai bisogno di qualcosa in particolare, ma in ogni minuto della giornata. In realtà, visualizzi e manifesti desideri quasi continuamente, e lo hai sempre fatto.

Come avviene per ogni altro talento, puoi allenarti per migliorare la tua capacità di visualizzazione. Un metodo per affinarla è questo: fissa un oggetto, poi chiudi gli occhi e visualizzalo mentalmente. Riapri gli occhi e guarda di nuovo l'oggetto, dopodiché richiudili e visualizzalo: procedi in questo modo più volte finché la tua visione interiore e quella fisica dell'oggetto combaciano. Quanti più dettagli riesci a vedere con la mente, meglio è.

Non dire che non hai una "predisposizione visiva", perché non è vero. Tutti noi abbiamo innate capacità di visualizzazione. In effetti il miglior modo per affinarle è di affermare spesso: "Ho una forte predisposizione visiva!". Afferma sempre ciò che desideri invece di lamentarti di ciò che presumi di non avere. Le affermazioni attraggono, mentre le lamentele allontanano da te ciò che ti fa bene.

Se per qualunque motivo non sei soddisfatto del livello di precisione delle tue visualizzazioni – o della tua capacità di visualizzare l'immagine mentale che hai provato a rievocare – il momento di lavorare su questo punto è *adesso*. Farai bene a tenerlo in conto prima di procedere.

Comprendiamo che, per quanto semplice, la pratica che abbiamo descritto può richiedere del tempo. Può essere anche impegnativo inserire qualcos'altro nella tua agenda già così fitta. Ma quando pianifichi di dedicare del tempo alla pratica, considera questi punti:

- Primo: puoi esercitarti con questa tecnica quasi ovunque. Ovviamente, visualizzare mentre guidi può essere pericoloso, ma di sicuro puoi farlo durante la pausa per il pranzo. Puoi fare esercizi di visualizzazione mentre ti mettono in attesa al telefono o guardi la televisione. Puoi fare pratica anche quando vai a letto la sera; può essere molto rilassante e favorire il sonno.
- Secondo: la ricompensa per aver imparato questa tecnica può essere davvero straordinaria.

Il motivo per cui t'incoraggiamo a praticare spesso la visualizzazione è semplice: se sei soddisfatto del livello di precisione che hai raggiunto, ti sarà molto più facile padroneggiare questa tecnica. Non sarai distratto dal desiderio di essere più abile nella visualizzazione. Inoltre, la qualità della visualizzazione non ha molto a che fare con l'efficacia della manifestazione dei desideri. Di certo, quando cerchi di chiedere cose molto specifiche, è bene avere un alto livello di precisione. Dopotutto, se sai di volere una Chevrolet Corvette del 1958 invece che del 1957, la tua immagine deve essere molto più precisa della media. Allo stesso modo, quando vuoi chiedere la casa dei tuoi sogni o la tua carriera ideale, devi visualizzare un'immagine mentale il più possibile specifica.

D'altro canto, però, un eccesso "descrittivo" costituisce un blocco per la manifestazione. La puntualizzazione implica che consegni a Dio un insieme di istruzioni sul come aiutarti e cerchi di controllare il modo specifico in cui le tue preghiere saranno esaudite. La visualizzazione richiede che alzi il livello delle tue aspettative, ma non che ti preoccupi o cerchi di controllare il *modo* in cui si paleserà la tua manifestazione. Fintanto che chiedi con intento etico e pacifico, non importa *come* verranno esaudite le tue preghiere: basta che lo siano!

Inoltre, a volte le nostre prospettive sono inferiori a quello che il Cielo desidera per noi. Proprio come ogni genitore amorevole, il tuo Creatore desidera il meglio per te e per chiunque altro. Noi amiamo questa preghiera – citata anche nel commento al Primo messaggio – che elimina la preoccupazione di chiedere la cosa "sbagliata":

"Questo, o qualcosa di meglio, Dio."

Visualizza con tutti i tuoi sensi! Oltre a vederti prospero, avvertine la sensazione in tutto il corpo. Immagina di sentirti completamente sicuro. Focalizzati su quella sensazione e chiedi al Cielo di aiutarti a sentirti sempre in quel modo. Ricorda che tutte le preghiere vengono esaudite, compresa quella di essere sereno e sicuro.

Nella nostra esperienza, molte persone sembrano preoccuparsi inutilmente di fare qualcosa di sbagliato. In tutta onestà, l'unico errore che una persona può compiere riguardo alla manifestazione dei propri desideri è non provarci. Quando le persone dimenticano di avere questo potere, tendono a scivolare nella negatività e quindi inavvertitamente chiedono cose che non hanno mai desiderato.

Per esempio, pensa agli ansiosi patologici, quelli che tendono a preoccuparsi eccessivamente o senza motivo. Di certo in qualche momento della tua vita avrai conosciuto qualcuno che corrisponde a questa descrizione. La sfortuna di queste persone è che, anche quando sono animate dalle migliori intenzioni, la loro preoccupazione costante può attrarre inavvertitamente alcune delle cose che temono di più. Se fossero consapevoli di questo effetto, quasi certamente eviterebbero di preoccuparsi troppo.

Strumenti di visualizzazione

Alcune persone trovano che l'uso di immagini fisiche offra un immenso aiuto. Se hai una spiccata predisposizione visiva, forse ti sarà utile procurarti un pannello di sughero – lo trovi nei negozi che vendono forniture per gli uffici – e attaccarci immagini delle cose che stai cercando di chiedere. Oppure puoi creare una "bacheca dei sogni" con un cartoncino sul quale incollerai immagini e parole che rappresentano i tuoi desideri.

Questi strumenti visivi raggiungono due obiettivi: 1) ti aiutano ad avere in mente le immagini dei tuoi desideri in modo molto preciso, 2) ti ricordano di rimanere focalizzato su ciò che desideri. Nell'ambito della visualizzazione e della manifestazione, la cosa migliore che puoi fare è puntare l'oggetto dei tuoi desideri come se avessi un raggio laser.

Quando visualizzi ciò che desideri o di cui hai bisogno, hai già avviato il processo della manifestazione. Sì, è davvero così semplice e non richiede sforzi. Quanto più ti focalizzi, tanto più riesci a determinare esattamente ciò che arriverà nella tua vita. Quando parliamo di quel concetto insidioso che viene chiamato "fortuna", in realtà parliamo di manifestazione. Ciò significa che vincerai alla lotteria se lo chiedi? Potrebbe darsi, ma più probabilmente no. Stiamo parlando di ciò che le persone ottengono e comunemente attribuiscono al caso, per esempio quando ricevono per posta un inatteso rimborso da parte di un loro fornitore di servizi.

Che tu ci creda o meno, è esattamente questo il genere di cose che di solito accadono quando le persone cominciano a manifestare l'abbondanza. Magari ricevono un assegno anonimo per posta, oppure un'eredità da un lontano parente, in ogni caso si tratta di crediti. Può anche capitare che vengano ingaggiate per un piccolo lavoro extra proprio quando hanno bisogno di avere un po' di denaro in più. Ovviamente una persona può chiedere ricchezze molto maggiori di queste somme simboliche. E siccome l'abbondanza non è altro che un dono dell'universo, non esistono limiti reali alla somma effettiva.

Dunque, come si possono ottenere enormi incrementi nelle entrate con la visualizzazione? È semplice: sognando in grande!

Se desideri diventare l'amministratore delegato di un'azienda, non presenti domanda per un impiego all'ufficio corrispondenza, ma ti candidi per una posizione di alto livello. Certo, potresti non ottenerla, mentre saresti il candidato ideale per l'impiego all'ufficio posta, ma la possibilità di avere successo vale il rischio. Lo stesso principio si applica alle manifestazioni. Se vuoi chiedere che il tuo libro diventi un best seller, il modo migliore per cominciare è visualizzare te stesso come autore di successo. Devi visualizzarti mentre scrivi il libro, trovi un editore, approvi la grafica della copertina e tutto ciò che accompagna l'avverarsi del tuo sogno.

Devi anche essere particolarmente attento a come ti vedi dopo che il libro è stato pubblicato. Riesci davvero a visualizzarti mentre lo promuovi in televisione, scrivi articoli e fai tour di presentazione? Fantastico. Se invece non ci riesci, dovrai esercitarti a vedere quelle cose con la massima precisione possibile. Userai lo stesso modello di visualizzazione a prescindere dal tipo di sogno che vorrai concretizzare. Devi credere sinceramente che l'avverarsi del tuo sogno è l'unico risultato possibile. Devi farlo, perché quando manifesti invii un ordine allo Chef universale e ovviamente non vuoi che il tuo piatto ti arrivi incompleto o sbagliato. Quanto più grande è il tuo sogno, tanto più devi essere specifico.

A mano a mano che visualizzi, ti verrà più facile farlo. Forse penserai che lo stiamo rendendo più semplice di quello che è, specialmente prima di aver provato le tecniche che abbiamo esposto in questo capitolo. Forse ti sembrerà *troppo* facile stare seduto e immaginarti in situazioni meravigliose prive di problematiche. Se hai l'impressione che non richieda alcuno sforzo, sappi che hai ragione. Per alcune persone è più facile che per altre, ma tutti possono raggiungere lo stesso livello di competenza.

La visualizzazione è così semplice che ognuno di noi la pratica spontaneamente ogni giorno. L'aspetto che richiede esercizio è migliorare la precisione necessaria per ottenere esattamente ciò che desideri. Ovviamente sei libero di accontentarti di essere "abbastanza bravo" nel visualizzare. In qualche misura lo fanno tutti. Siccome c'è sempre un margine di miglioramento, a un certo punto dovrai dire che sei soddisfatto del livello di precisione raggiunto e provare a visualizzare e a manifestare sul serio, senza che sia un semplice "esercizio".

Quando visualizzi è importante ricordare che il fatto che qualcosa possa andare storto non significa che *debba* andare storto. Di certo avere un piano di riserva può non essere una cattiva idea, ma le tue visualizzazioni devono puntare sempre al migliore scenario possibile.

Ovviamente al mondo esistono altre persone con i loro obiettivi e le loro ambizioni e alcune fra esse potrebbero non essere gentili e corrette come te quando entra in gioco la competizione. Ma individui di quel tipo sono la causa dei loro stessi problemi e tu non devi pensare troppo alle contingenze. Se le loro macchinazioni entrano in conflitto con il risultato finale delle tue manifestazioni, confida che quelle persone hanno il loro karma, quindi liberati di tutte le emozioni e i pensieri negativi che le riguardano e inviali all'universo. La manifestazione è tutta incentrata sulla positività e tu non hai tempo di concentrarti o di soffermarti su persone e situazioni negative.

Per darti un'idea di quanto sia potente lo strumento della visualizzazione, ci allontaneremo per qualche istante dal tema dell'abbondanza e passeremo a quello della salute. Dal momento che sono due ambiti strettamente collegati nella nostra vita, speriamo che questa breve digressione ti sarà gradita.

Grant: Anni fa, a una cara amica di mia moglie hanno diagnosticato un cancro. Di per sé questa può essere un'esperienza traumatica per chiunque, ma per questa giovane donna, che era una ballerina professionista, perdere la salute significava anche perdere la sua fonte di reddito. I corpi di ballo, grandi o piccoli che siano, non forniscono l'assicurazione sanitaria ai loro membri.

Perciò questa brava persona piena di talento non poteva permettersi di essere malata.

Nell'arco di sei mesi le sue condizioni sono andate peggiorando, finché i medici le hanno detto, in buona sostanza, che doveva sistemare tutte le sue faccende. Invece di cedere alla disperazione, questa ragazza ha deciso di cambiare il corso della sua vita e ha rifiutato di accettare che stesse per morire. È andata avanti visualizzando di essere completamente guarita. Poteva sentire il suo corpo danzare, udiva gli applausi del pubblico e visualizzava se stessa che invecchiava. La sua fede in questa guarigione era così incrollabile che non credeva possibile nessuna eventualità alternativa.

Come forse avrai indovinato, poco tempo dopo è completamente guarita da quel cancro che si presumeva fosse in fase terminale. Il tumore non si è più riformato e a oggi sembra improbabile che lo farà. Il fatto che i medici l'avessero data per spacciata non l'ha mai convinta a farlo anche lei. Il potere di questa guarigione è stato immenso, non solo per la sua portata ma anche per le sue implicazioni, comprese quelle che riguardano l'attrazione dell'abbondanza. La cosa più sbalorditiva è quanto le sia risultato incredibilmente facile.

Con la pura fede e una buona dose di tenacia, questa ragazza è riuscita a tornare a essere una persona libera dal cancro.

Pensa a quanto è più semplice creare l'abbondanza nella nostra vita. Se la visualizzazione e la manifestazione possono fare qualcosa di così formidabile come questa guarigione, perché dovremmo pensare di non essere in grado di trovare semplicemente un lavoro migliore, ottenere un aumento o avviare un'attività in proprio?

Il potere della visualizzazione è limitato solo dalla convinzione della persona che usa questo strumento. Se puoi visualizzare che qualcosa accade, allora *può* accadere. Dunque puoi capire perché, se infondi maggiore slancio all'immaginazione, aumenta anche il tuo potenziale nella manifestazione. Per questo motivo, qualunque esercizio che possa incrementare la tua immaginazione merita la stessa serietà con cui si segue un corso universitario.

Svaghi semplici e piacevoli, come leggere libri del genere fantasy o racconti di fantascienza, praticare giochi da tavolo o di ruolo al computer, possono portare incredibili benefici allo sviluppo dell'immaginazione. Come tutte le altre cose, però, è bene usare questi strumenti con moderazione. Non fa bene a nessuno passare ogni momento della giornata immerso in storie fantasy, ma se i libri e i giochi sono usati nel modo giusto, possono aiutarti a sviluppare un più ampio senso delle opportunità e della meraviglia. Ed è proprio questo che dovresti fare.

A un certo punto potresti chiederti se è possibile usare il potere della visualizzazione per scopi negativi. Dopotutto, ci sono persone che non hanno a cuore il bene supremo dell'umanità e potrebbero forzare le cose per ottenere qualunque vantaggio potenziale, a livello materiale o spirituale. Per nostra fortuna, la risposta è decisamente no. Come abbiamo spiegato in queste pagine e in altri libri precedenti, come *Le parole degli Angeli*, le energie, le parole e i pensieri negativi hanno livelli energetici molto inferiori rispetto a quelli positivi. Ciò significa che, anche se in teoria è possibile che qualcuno manifesti cose negative, è molto più probabile che la forza del resto di noi nel visualizzare cambiamenti positivi per il mondo surclassi completamente ogni intento negativo.

Nel libro *Le parole degli Angeli* abbiamo usato dei diagrammi per dimostrare quanto è debole la negatività in confronto alla positività. È di vitale importanza imparare esattamente quanto è scarso il potere della negatività in modo da non temerla. Quando cediamo alla negatività aumentiamo il suo potere e, ironicamente, la trasformiamo in qualcosa che dovremmo temere. Quando comprendiamo quanto è scarso il potere della negatività, possiamo ignorarla, liquidarla come cosa da poco o limitare ulteriormente il suo potere. Una semplice preghiera quotidiana per invocare pace, guarigione e abbondanza per tutti è più che sufficiente per contrastare le trame negative che qualcuno potrebbe tessere.

Per quanto possa sembrare contraddittorio, può capitare che si passi troppo tempo a visualizzare i propri obiettivi e non si dedichi abbastanza tempo a raggiungerli. Come abbiamo spiegato, la manifestazione dell'abbondanza ruota intorno al nostro contratto divino. Ciò significa che dobbiamo fare la nostra parte per rispettare l'accordo.

Puoi rendere ancora più agevole la manifestazione dell'abbondanza rendendo più efficaci cose che già fai. Ma dovrai permettere a te stesso di accettare l'abbondanza in arrivo creando una via d'accesso affinché possa raggiungerti. Ti serviranno un impiego, un'attività in proprio o un progetto creativo dal quale intendi ricavare del denaro. Anche se è molto bello scrivere poesie sul diario personale o scarabocchiare disegni sui tovaglioli, è improbabile che queste attività ti rendano ricco se non ti assicuri che il resto del mondo legga ciò che scrivi e veda i tuoi disegni. Se per qualche motivo hai dubbi sul tuo impiego, sulla tua attività imprenditoriale o sull'accoglienza che riceveranno i tuoi progetti creativi, devi rimuovere questi blocchi prima di continuare.

OTTAVO MESSAGGIO

Pronuncia sempre affermazioni positive

Gli Angeli dell'Abbondanza amano l'uso delle affermazioni. C'insegnano che ogni forma di positività nella nostra vita è splendida e pronunciare ripetutamente parole positive è la più splendida di tutte. Gli Angeli dell'Abbondanza c'incoraggiano a pronunciare solo parole d'amore e di guarigione in ogni circostanza, ma soprattutto nelle nostre affermazioni.

Come tutti gli angeli, gli Angeli dell'Abbondanza sono messaggeri. Ascoltano le affermazioni e le riferiscono al Creatore in modo che i nostri desideri vengano esauditi. Quando affidiamo agli angeli affermazioni positive, essi le riportano con molto più entusiasmo e velocità di quanto farebbero se consegnassimo loro solo parole negative. Durante la lettura di questo capitolo tieni a mente il tipo di messaggi che vorresti inviare e cerca ti evitare tutto ciò che, se fossi tu il messaggero, ti metterebbe in imbarazzo.

Che cosa sono le affermazioni?

Le affermazioni si possono definire come frasi che ripeti a te stesso fino a crederci. Queste frasi non sono false, sono assolutamente vere, ma in alcuni casi non sono *ancora* reali. Il loro valore risiede nel fatto che preparano la tua mente per il successo quando – a causa di condizionamenti sociali, familiari e personali – non sei ancora pronto ad accettarlo. Un altro beneficio delle affermazioni è che, come la visualizzazione, ti aiutano a definire esattamente cosa ti piacerebbe ottenere, che sia una bella casa, una magnifica vacanza, un sostanzioso aumento di stipendio o persino abilità più spiccate, per esempio nel riparare le automobili o nella progettazione d'interni. Puoi ottenere, almeno in parte, tutto ciò che ti piacerebbe semplicemente affermandolo ad alta voce a te stesso e all'universo.

Una tipica affermazione potrebbe somigliare a questa: "Ho scritto un libro che è diventato un best seller e sono un autore di best seller." Può essere davvero molto semplice; anzi, di solito più è semplice, meglio è. La formula basilare delle affermazioni richiede nella maggior parte dei casi l'utilizzo dei tempi verbali al presente. Questo perché il tuo status di autore affermato, per esempio, deve essere stabilito *adesso,* non in qualche nebuloso momento del futuro. Se cerchi di raggiungere un obiettivo entro una data specifica, è ammissibile dire, per esempio: "Otterrò un cospicuo aumento di stipendio nel giro di un mese." Questa formulazione tiene conto del tempo che la tua azienda impiegherà per ritoccare gli stipendi e sarà più convincente dell'utilizzo del verbo al presente ("ottengo").

Nel nostro primo esempio abbiamo utilizzato l'affermazione: "Ho scritto un libro che è diventato un best seller e sono un autore di best seller." In questo caso la formulazione è più precisa di quanto appaia. Se considerata da un punto di vista puramente logico, potrebbe apparire ridondante. Ma a un'analisi più attenta si capisce che contiene due affermazioni in una. La prima è che il libro che stai cercando di vendere è un best seller. È una bella notizia ed è qualcosa di cui puoi andare orgoglioso. La seconda è che *tu* sei un autore di best seller. Ciò significa che *tutti* i libri che intendi vendere saranno dei best seller. Ora capirai perché questa doppia affermazione è più potente di un semplice: "Ho scritto un libro che è diventato un best seller." Qui puntiamo a un'enorme abbondanza!

Con la stessa modalità potresti dire: "Ho venduto il mio primo dipinto. Sono un artista professionista e affermato." È una frase ugualmente valida per tutti coloro che operano in ambiti creativi. Mentre un'affermazione efficace per chi ha un impiego retribuito potrebbe essere così: "Otterrò un cospicuo aumento di stipendio entro un mese. Sono apprezzato nel mio lavoro." Ovviamente non è indispensabile utilizzare questo metodo della doppia affermazione, e non c'è nulla di sbagliato nel pronunciare una sola affermazione alla volta. Semplicemente troviamo che la tecnica della doppia affermazione sia molto più efficace nel lungo periodo. Prova ad applicare entrambi i metodi e usa quello che con cui ti senti più a tuo agio.

Farai bene a ripetere la tua affermazione più volte al giorno. Alcune persone pronunciano la loro quando stanno per coricarsi la sera. Per molti, l'affermazione fatta prima di dormire ha sostituito la preghiera della buonanotte. La ripetizione è importante perché, come dicono spesso gli esperti di marketing, il cervello ha bisogno che un messaggio venga reiterato prima di assimilarlo. Ma una volta *assimilato,* tende a restare impresso.

Per quanto tempo dovrai continuare a ripetere queste affermazioni? Per fortuna contengono loro stesse una data di scadenza. Nell'esempio citato – "Ho scritto un libro che è diventato un best seller e sono un autore di best seller" – è opportuno ripetere l'affermazione fino a quando acquista saldamente un valore di verità. Quando il tuo primo e secondo best seller saranno sul mercato, puoi desumere facilmente che la tua affermazione ha "fatto presa". Ovviamente, a quel punto nulla ti obbliga a smettere di ripeterla, ma se è vero che abbandonare in corso d'opera una strategia vincente non conviene, quando avrai raggiunto il tuo obiettivo sarai certo che puoi fermarti.

Se hai usato l'affermazione "Otterrò un cospicuo aumento di stipendio nel giro di un mese" e alla fine di quel mese hai effettivamente ottenuto l'aumento, perché non continuare e alzare la posta? Se l'azienda per cui lavori non ritocca mensilmente gli stipendi, potresti apportare solo una piccola modifica alla tua consueta affermazione fissando come termine il periodo in cui l'azienda concederà i prossimi aumenti. Siccome questa tecnica mira solo a portarti dei benefici, sei libero di cominciare e smettere ogni volta che vuoi, senza dover temere rimproveri o giudizi da parte di nessuno.

Le affermazioni non si limitano a frasi sull'abbondanza. Tutto ciò che fai può diventare più semplice, più appagante e più veloce usando le affermazioni. Puoi persino pronunciare un'affermazione che, per esempio, migliori il raccolto del tuo orto. Affermare: "Il mio orto è molto produttivo e io sono un coltivatore saggio ed esperto" può fruttare risultati fantastici e lo farà. Su questa falsariga, puoi creare un'affermazione che ti supporti in qualunque tuo desiderio.

Affermazioni + visualizzazioni

Forse avrai già intuito come funziona l'interazione tra affermazioni e visualizzazioni. Il tuo successo con le visualizzazioni dipende solo dalla tua immaginazione e, attraverso di essa, puoi aumentare il *potere* della tua immaginazione. Allo stesso modo, le tue affermazioni dipendono dalle tue visualizzazioni. Prima di formulare un'affermazione, devi sapere con certezza quale obiettivo stai cercando di raggiungere. Il sistema migliore per determinare l'obiettivo è di visualizzarlo con precisione.

Viceversa, è possibile e altamente probabile che, usando le tue affermazioni con costanza e regolarità, riuscirai a visualizzare i tuoi obiettivi con maggiore chiarezza. La ripetizione costante delle affermazioni abitua il cervello all'idea dell'obiettivo desiderato. Quanta più familiarità acquisisci con questo obiettivo, tanto più sarai in grado di visualizzarlo in modo realistico. Quanto più affermi, tanto migliori saranno le tue visualizzazioni e tanto più efficaci saranno le tue affermazioni!

Puoi pronunciare le tue affermazioni in qualunque luogo (anche se facendolo in pubblico verrai forse scambiato per uno che parla da solo). Il nostro cervello è prodigioso anche perché riesce a operare su più fronti in modi sbalorditivi. Sono pochissime le attività con cui l'atto di pronunciare affermazioni potrebbe interferire. E sono pochissimi i lavori in cui sarebbe poco opportuno pronunciarle. In molti posti di lavoro, anche a livelli dirigenziali, si possono utilizzare benissimo, in particolare nel campo delle vendite e negli sport di squadra.

Anche se alcuni dei tuoi colleghi "profani" potrebbero trovare stramba la tua abitudine di pronunciare affermazioni, di fatto nella nostra società capitalista i risultati contano molto di più dello scetticismo e delle convenzioni. Se le tue vendite aumentano anche solo dell'1 per cento grazie alle affermazioni, possiamo garantirti che quasi certamente i tuoi colleghi e i tuoi superiori si apriranno all'uso di questo straordinario strumento.

Ovviamente un aumento dell'1 per cento in qualunque ambito non è molto, ma dimostra che basta poco per passare dallo scetticismo all'entusiasmo nei confronti di questa pratica. E quindi immagina quanto ti prenderebbero più sul serio i tuoi colleghi quando le tue vendite cominceranno ad aumentare del 5 per cento o anche di più. Questo è solo un esempio, perché non tutti lavorano nel settore vendite. Ma a prescindere da quale sia il parametro per misurare il successo nel tuo lavoro, usando le affermazioni puoi migliorare i tuoi risultati.

Mentre leggi questo capitolo, prova la seguente, semplice affermazione: "Sono capace e meritevole di raggiungere tutto ciò che è descritto in queste pagine e anche di più." Ripeti questa affermazione di quando in quando e osserva quanto sono rapidi i risultati. Sei certo di aver ottenuto un risultato positivo quando una forma inattesa di abbondanza si presenta sul tuo cammino. L'abbondanza assume forme radicalmente diverse a seconda delle persone, ma *tu* dovresti essere in grado di riconoscerla quando arriva. Per quanto riguarda la rapidità, dipende dall'universo, ma di solito i risultati si manifestano con una velocità incredibile.

Per certi aspetti le affermazioni funzionano come la pubblicità. Ovvero: adesso lanci l'affermazione e dopo ottieni i risultati. Questo può portare a una "fase di latenza" in cui sembra che non succeda nulla. Ma quando hai superato questa fase, vedi presentarsi quasi costantemente i risultati dei tuoi sforzi passati. Se a questo punto ti fermi, per un certo periodo vedrai ancora gli effetti dei tuoi sforzi, fino a quando l'abbondanza non "si allinea" con le affermazioni che hai già formulato.

È facile commettere l'errore di fermarsi, perché ci sembra di poterci accontentare e continuare a raccogliere i frutti delle nostre affermazioni. Per questo motivo ti ricordiamo che esiste la "fase di latenza".

Quando discuti di queste tecniche con gli scettici e i profani, è utile evidenziare che l'utilizzo delle affermazioni non contravviene a nessuna pratica religiosa. È un atto aconfessionale che non impone alle persone di rinunciare né di dichiarare l'adesione a una fede o a un'organizzazione religiosa. Nessuno di loro sarà punito perché prova a usare queste tecniche. Al contrario, potranno mietere i frutti dei loro sforzi.

Le riflessioni teologiche per spiegare l'arrivo di questi frutti possono variare radicalmente da persona a persona e a seconda delle credenze individuali. Noi consigliamo per lo più di evitare di addentrarsi in questo terreno perché è prettamente soggettivo. Ovviamente puoi scegliere di partecipare a un dibattito, ma è molto meglio farlo con la consapevolezza che nessuno può sapere con certezza come avviene l'intervento divino. Il come e il perché tutto ciò funziona sono materia per le grandi associazioni teologiche e le università; per i nostri scopi, è sufficiente sapere che *funziona*.

Tipi di affermazioni

In generale le affermazioni possono rientrare in una di queste tre categorie:

1. affermazioni costanti;
2. affermazioni di acquisizione;
3. affermazioni d'emergenza.

È ovvio che, di quando in quando, troverai affermazioni che non rientrano in queste categorie, ma per gli scopi di questo capitolo ci soffermeremo principalmente su queste tre.

– Le affermazioni della prima categoria sono definite "costanti" perché sono quelle che pronunci su base regolare. "Sono un ottimo manager" e "Ho risultati eccellenti nelle vendite" sono esempi di questa categoria. Le affermazioni di questo tipo sono particolarmente utili per mantenere o aumentare gradualmente il livello di produttività o di abbondanza nella tua vita. Ripetendo regolarmente frasi positive come queste, alleni il tuo cervello a sapere – e informi l'universo – che questo è veramente ciò che vuoi e non ti accontenterai di nulla di meno. Queste frasi non rientrano nelle altre due categorie perché non riguardano una necessità specifica né un'urgenza. Le "affermazioni costanti" di solito vengono formulate per gran parte della propria vita, o quanto meno del proprio percorso professionale.

Puoi usare le affermazioni costanti anche per mantenere o migliorare la qualità di altri ambiti esistenziali. È perfettamente accettabile ed efficace affermare: "Sono un bravo padre" o "La vita della mia famiglia è pacifica, armoniosa e appagante per tutti noi." Se un ambito presenta difficoltà continue, puoi usare le affermazioni di questa categoria per risolverle. La prossima volta che ti sentirai stressato per il viaggio che devi fare per andare al lavoro, prova a dire qualcosa del tipo: "Il mio viaggio per andare al lavoro è perfettamente scorrevole, sicuro e senza stress." Alcune persone trovano che le affermazioni costanti siano un po' tediose o poco soddisfacenti, ma siccome le affermazioni di questa categoria non sono quelle che tendono ad attuare cambiamenti radicali e impetuosi in un breve lasso di tempo, richiedono particolare pazienza.

Spesso le affermazioni di questo tipo possono produrre risultati straordinari, ma per farlo impiegano molto più tempo di quanto la maggior parte delle persone preferirebbe. Tieni a mente che si definiscono "costanti" per una valida ragione: sono frasi che farai bene a ripetere per il prossimo futuro. Non hanno una data di scadenza, perché chi può veramente quantificare che cosa significa essere un ottimo manager o un bravo padre? È comprensibile sentirsi impazienti talvolta, ma i benefici a lungo termine delle affermazioni di questa categoria sono innegabili. È nel tuo interesse cominciare a usare un'affermazione costante e continuare a pronunciarla per il resto della tua vita. Di certo è un compito che richiede disciplina, ma può portare solo ulteriori guadagni sul piano finanziario.

Ci sono casi in cui un'affermazione costante non è la scelta giusta. Quando hai bisogno di far accadere qualcosa – qualcosa che ti serve subito – ottieni risultati migliori con altri metodi. Certamente anche in questi casi sei libero di provare le affermazioni costanti, ma i risultati potrebbero non essere radicali e immediati come desideri. Sarebbe bello se una categoria di affermazioni potesse adattarsi a ogni circostanza, ma purtroppo non è così. Con la pratica capirai istintivamente quando è bene usare affermazioni costanti e quando è meglio passare a qualcosa di più immediato.

– Le affermazioni della seconda categoria sono definite "di acquisizione". Come suggerisce il nome, vengono utilizzate per acquisire cose specifiche nella tua vita. Qualunque cosa desideri può essere tua con l'accorta applicazione di queste affermazioni. Magari starai pensando: "Ho letto bene? Non intenderanno dire sul serio che posso ottenere qualunque cosa...".

La risposta è sì, hai letto bene: puoi assolutamente ottenere qualunque oggetto fisico desideri. Ovviamente esistono delle limitazioni quando si tratta di persone invece che di oggetti. A volte desideriamo qualcuno ma, a prescindere da quello che facciamo, quella persona non ci corrisponde:

a questo non c'è rimedio. Ma qualunque oggetto tangibile e non senziente è a portata di mano.

Questo principio si basa liberamente sul fatto che ogni oggetto, te compreso, è composto da atomi microscopici che, nel loro nucleo, hanno una carica magnetica. Questo tipo di affermazioni ti consente di cambiare la carica dentro di te in modo che diventi l'opposto polare di quella dell'altro oggetto, attraendolo come un magnete. Se questo concetto ti sembra inutilmente esoterico, sei libero di ignorare il motivo per cui il principio funziona e anche di fornire una risposta che ti soddisfa di più. Ma il fatto che *funziona* è innegabile.

Una semplice affermazione di acquisizione può essere formulata in questo modo: "Ho un milione di euro sul mio conto in banca" o "Ho una nuova automobile elettrica." Anche in questo caso è importante formulare le affermazioni al presente. Affermi che sei già in possesso di questi beni adesso, non in un futuro indeterminato. È utile avere la massima chiarezza su ciò che si desidera. Se dici "Ho un sacco di soldi" o "Ho un'automobile", cosa intendi dire in realtà? La somma che rappresenta un sacco di soldi per te potrebbe essere un'inezia per qualcun altro, e viceversa. Allo stesso modo, un'automobile potrebbe essere una Ferrari fiammante o un vecchio macinino scassato. Nel regno dell'abbondanza, la specificità è sovrana.

Le affermazioni di questo tipo non hanno una scadenza. Puoi provare a stabilire tu una linea temporale artificiale, dicendo per esempio:

"Avrò un'automobile nuova entro due settimane." Tuttavia, questa alterazione nella costruzione della frase viola una delle leggi fondamentali delle affermazioni: l'utilizzo dei tempi verbali al presente. Sei libero di provare questo espediente e non ti succederà nulla, ma forse sarai deluso dei risultati se hai aspettative troppo alte riguardo alla linea temporale. La pazienza è una virtù incredibilmente preziosa nell'ambito della manifestazione, in tutte le sue forme.

Quando lasciamo andare e semplicemente concediamo alla natura di fare il suo corso, allora si verifica la magia più portentosa. Forzare gli eventi non è un processo spontaneo e in definitiva non porta a nulla. Dobbiamo coltivare dentro di noi una linea del tempo naturale e lasciare che le cose si manifestino quando ne abbiamo bisogno, essendo aperti a riceverle quando arrivano.

Le affermazioni di acquisizione sono particolarmente efficaci quando si cerca un nuovo impiego o una nuova posizione professionale. Se le affermazioni costanti sono strumenti straordinari per garantire continui miglioramenti nella carriera, le affermazioni di acquisizione sono "il trampolino" per spiccare un salto immediato. Se senti che hai languito troppo a lungo in una posizione che è molto al di sotto delle tue capacità, un'affermazione di acquisizione ti consentirà di salire in alto senza il rischio di apparire troppo ambizioso o ingrato nei confronti di ciò che hai. Usando questa tecnica, potrai ricevere proposte di lavoro dai concorrenti della tua azienda o vederti concedere spontaneamente una promozione.

Se concorri per una posizione che senti di meritare davvero più di chiunque altro, e sai per certo quando ne decideranno l'assegnazione, pronunciare un'affermazione di acquisizione non è la scelta migliore. Come già detto, questa categoria di affermazioni non ha una data di scadenza né un limite di tempo. Ciò che manifesti ti arriverà, ma la data non è certa. Stai sicuro che lo farà nel momento migliore – migliore per te, per l'universo e per l'oggetto in questione – ma nessuno può mai dire esattamente quando è probabile che accada.

– La terza categoria di affermazioni è formata da quelle "d'emergenza". Il termine *emergenza* si riferisce al bisogno immediato, senza implicare che una persona si trovi in condizioni di pericolo. Tuttavia, se qualcuno si trova in condizioni di pericolo, questa è certamente la categoria di affermazioni da utilizzare. È la più adatta anche nei casi in cui – come nell'esempio precedente – cerchi di candidarti per una promozione che sarà concessa in un momento prestabilito. Queste affermazioni sono speciali perché *hanno* un limite di tempo e una data di scadenza.

Una tipica affermazione d'emergenza potrebbe essere questa: "Sono al sicuro e sono circondato da amore in questo momento" o "Martedì prossimo vengo promosso a una posizione migliore nel mio lavoro." Come nel caso delle precedenti categorie di affermazioni, è importante usare il tempo presente o specificare una data esatta. Usare espressioni come "un giorno" o "presto" non produce risultati rapidi, perché nessuno sa quando saranno "un giorno" o "presto".

Ricordi quando da piccolo chiedevi se potevi fare qualcosa e ti rispondevano "forse" o "presto"? Probabilmente per te era frustrante sentirti dare queste risposte, che ti lasciavano confuso e insoddisfatto. La tua era una reazione istintiva all'ambiguità di quelle parole. Istintivamente sapevi che gli adulti intorno a te dovevano essere più specifici per garantire il risultato desiderato, ma forse non sapevi perché.

Forse sei indotto a pensare che questa categoria di affermazioni possa essere utilizzata in ogni circostanza. Dopotutto, in genere vogliamo che le cose accadano subito, vero? Di solito è così, ma le affermazioni d'emergenza non funzionano invariabilmente. Quelle delle categorie precedenti sono sempre efficaci, senza eccezioni, perché riallineano il tuo corpo e la tua mente in modo da sintonizzarli con l'oggetto dei tuoi desideri. Invece con le affermazioni d'emergenza non c'è abbastanza tempo per completare questo processo. Esse funzionano più o meno come una preghiera: chiedi che una data cosa – se giova al tuo bene supremo – ti arrivi subito. Fai sapere a Dio, all'universo e a chiunque altro che hai bisogno dell'intervento divino in quel particolare momento. Ovviamente la risposta in qualche caso sarà "no".

Le nostre vite sono troppo complesse perché possiamo vedere il quadro generale. Perciò confidiamo che il Divino sappia di cosa abbiamo bisogno e ce lo fornisca. A volte, però, una piccola spinta da parte nostra può accelerare il processo. In quanto esseri umani, siamo dotati del libero arbitrio. L'universo può intervenire per nostro conto quando lo chiediamo e, se la nostra richiesta è in linea con il contratto divino che abbiamo stipulato prima di venire sulla Terra, l'evento accadrà comunque, come fosse dettato dal destino, se davvero lo desideriamo. Ma quando usiamo un'affermazione d'emergenza, segnaliamo che siamo aperti a ricevere questo aiuto e ne abbiamo bisogno subito. In questo modo, l'universo è libero d'intervenire per nostro conto senza il rischio di interferire con il nostro libero arbitrio: una regola che non viene mai infranta.

Una combinazione fra queste tre categorie di affermazioni e una sana dose di visualizzazioni precise può portarti un'indicibile abbondanza, non solo materiale ma anche spirituale. Diversi studi hanno dimostrato che le persone che utilizzano le affermazioni regolarmente si sentono molto più serene e connesse con il loro io superiore. Questo accade perché contribuiscono attivamente a co-creare il loro mondo e la loro vita. In tal modo, si comprende con maggiore chiarezza che l'apparente casualità dell'universo in realtà è una danza sacra e complessa.

Quindi, prova a pronunciare qualche affermazione e vedrai quanta abbondanza potrai creare nella tua vita!

Mantieniti positivo

La positività è il linguaggio del Cielo. Quando parliamo e pensiamo in modi edificanti abbiamo un dialogo diretto con il nostro Creatore. Gli Angeli dell'Abbondanza sono felicissimi quando scegliamo di considerare potenzialmente positiva una certa situazione. Dopotutto, ogni cosa che accade segue un piano divino, quindi il risultato finale è, ovviamente, la positività.

Lo riconosciamo istintivamente. Quante volte ti sei sentito dire: "Tra qualche tempo ci rideremo sopra?". È l'innata consapevolezza che tutte le cose sono destinate a evolversi per il meglio e a finire bene. Dio e gli angeli si adoperano davvero per il nostro bene supremo in ogni circostanza, e mantenere un approccio positivo equivale semplicemente a riconoscere questa verità.

Quando ci manteniamo positivi riguardo alle nostre manifestazioni, possiamo ottenere risultati più solidi e cospicui. L'ottimismo e l'entusiasmo che coltiviamo si traducono direttamente in sessioni di manifestazione più efficaci. Viceversa, se perdiamo la positività e cominciamo a dubitare dell'efficacia della nostra pratica – o cominciamo a provare negatività nei confronti del lavoro che stiamo provando a fare – rischiamo di rallentare i nostri progressi o di ostacolarli completamente.

La causa di questa variazione dell'efficacia a seconda che l'approccio sia positivo o negativo risiede nell'energia che i nostri pensieri e le nostre parole possiedono. Come abbiamo già visto, le parole positive hanno un livello energetico molto più elevato di quelle negative. Ciò significa che le tue emozioni e i tuoi pensieri positivi prestano energia al tuo lavoro di manifestazione, così come a ogni altro aspetto della tua vita, arrivando pertanto a livelli di efficacia assai maggiori.

D'altro canto, le emozioni e i pensieri negativi hanno in sé pochissima energia. Ciò significa che la negatività, pur non essendo espressamente nociva o pericolosa, è del tutto inefficace.

A livello pratico, la positività può portare ad avere relazioni molto più appaganti con gli altri. Sono ben poche le persone disposte a passare del tempo con individui negativi. Questi ultimi, infatti, possono abbattere l'umore di chiunque li circonda. Quando ci impegniamo per mantenerci positivi, non solo tendiamo ad avere più energia, ma diventiamo una compagnia molto più piacevole per chi ci sta vicino.

Ovviamente, il fatto di avere gente intorno non è l'obiettivo principale del rimanere positivi, né dovrebbe esserne l'unico motivo. Ogni ambito della tua vita può migliorare se adotti una mentalità positiva. La tua salute, la tua felicità e persino il tuo livello di prosperità possono migliorare drasticamente se sposti la tua attenzione su tutti gli eventi gioiosi che ti capitano, invece che focalizzarti solo sulle cose spiacevoli.

Può essere difficile rimanere positivi di fronte alle avversità, ma non è impossibile. Oltre agli effetti che produce su salute, felicità e ricchezza, mantenerti positivo è semplicemente più benefico per la tua *vita*. Se t'imbarchi in un'avventura con un approccio ottimista ed emozioni positive, è molto più probabile che tu abbia successo. Chi ha mai sentito di qualcuno che, cominciando qualcosa di nuovo con la certezza di andare incontro al fallimento, è riuscito a dare comunque il cento per cento? Quando inneschiamo la negatività, di fatto operiamo un sabotaggio contro noi stessi.

D'altro canto, evitare di riconoscere i rischi o le situazioni potenzialmente negative non fa bene a nessuno. Mantenersi positivi non significa vivere con il paraocchi, dimenticando il mondo che ci circonda. Certo, è una buona idea evitare gli scenari apocalittici dei giornali e dei notiziari, ma restare del tutto disinformati non è un'abitudine che ispira l'abbondanza. Se una situazione è potenzialmente pericolosa o ostile, ignorare questo fatto non migliorerà le cose. Devi essere realistico per restare felice, sano e prospero; e tuttavia il realismo non deve trasformarsi in negatività.

Come possiamo mantenerci positivi quando siamo circondati da un mondo negativo? Facile!

- Il primo passo è *non pensare* che il mondo sia negativo. Certamente esistono numerosi problemi, ma non sono insormontabili. Molte difficoltà che il mondo sta attraversando sono causate dall'uomo e possono essere risolte dall'uomo. Riconoscendo il fatto che possiamo risolvere qualunque problema, se ce ne occupiamo con accortezza, è molto più facile evitare la trappola della disperazione.
- Il secondo passo è riportare su un taccuino tutta la bellezza, la bontà e le benedizioni

che scorgi intorno a te. Buona parte delle azioni negative nel mondo sono registrate dai media – Dio solo sa quanto! – quindi perché non possono esserlo anche quelle positive?

Questa documentazione della bontà si chiama "diario della gratitudine". Forse ti sembrerà una cosa da "figli dei fiori", ma in realtà è uno strumento prezioso per mantenersi positivi. Un diario della gratitudine può essere un oggetto vecchio stile, magari rilegato in pelle, dove scrivi meticolosi appunti, o un supporto all'avanguardia come un'applicazione sul tuo smartphone. Sì, certo, esiste un'applicazione apposita! All'inizio forse non farai caso a tutti gli esempi di bontà che ti vengono incontro, ma va benissimo. A mano a mano che userai il diario della gratitudine, ne *noterai* sempre di più.

A un certo punto potresti chiederti se tutta questa bontà c'è sempre stata o se ne incontri di più sul tuo cammino perché finalmente ti stai accorgendo della sua presenza. Come tutto ciò che riguarda la vita, la risposta è che "una cosa non esclude l'altra". Sì, ci sono sempre state cose bellissime e meravigliose in questo mondo, ma hanno la tendenza a essere oscurate da quelle negative. Dal momento però che i simili si attraggono, quanto più ti allinei con la bontà, tanto più la bontà ti viene incontro.

Se ti sembra *troppo* bello per essere vero, dovresti chiederti perché lo pensi. È vero, viviamo in un mondo cinico e c'è chi tenta di approfittarsi della tua fiducia, ma questo non è certo l'atteggiamento di Dio e dell'universo. Il nostro Creatore divino vuole che siamo prosperi e felici, proprio come noi vogliamo che lo siano i *nostri* figli. L'unica nostra limitazione è credere che siamo soli in questo mondo.

Rimani motivato!

Perdere la motivazione può rappresentare un serio impedimento al tuo lavoro di manifestazione. Puoi perdere la motivazione quando ti sembra che i tuoi progressi non sono abbastanza rapidi. La mancanza di supporto da parte di amici e familiari è un altro fattore che può indurti a lasciar perdere. Mantenerti positivo ti aiuterà a conservare quella spinta interiore. Se hai dei dubbi sui tuoi progressi, consulta il diario della gratitudine. Presto noterai che la quantità di cose positive nella tua vita è aumentata sensibilmente.

Se senti che i tuoi amici e familiari non ti sostengono a sufficienza, parla con loro. Molto probabilmente non si sono nemmeno accorti di come ti senti e faranno qualcosa per risolvere la situazione. Non vorrai limitarti a sperare che la situazione si risolva da sé, sarebbe un blocco della comunicazione e non gioverebbe a nessuno. Se tieni aperti i canali della comunicazione con i tuoi cari, puoi risolvere questi problemi prima che diventino vere e proprie rotture nelle tue relazioni.

Condividere con i tuoi cari le tue ambizioni personali può essere un'esperienza molto edificante. Non devi mai sentirti in colpa o vergognarti di ciò che vuoi manifestare. Ben più di chiunque altro, tu sei nella posizione migliore per sapere di cosa hai bisogno nella tua vita. Gli altri potrebbero darti consigli preziosi, ma alla fine *solo tu* puoi decidere cosa contribuisce al tuo bene supremo.

Se senti di aver perso la motivazione a continuare il tuo lavoro di manifestazione, uno strumento di grande utilità è la "bacheca dei sogni". Come abbiamo accennato nel capitolo precedente, è un poster che componi con immagini e parole positive che rappresentano i tuoi obiettivi a breve o a lungo termine, come le fotografie di una splendida casa o simboli di prosperità, come gioielli e belle automobili, insieme ad affermazioni positive sulla tua abbondanza.

Ogni volta che guardi la tua bacheca dei sogni, ti ricordi di ciò che vuoi ottenere e, se tutto va bene, senti che vale la pena di continuare a perseverare. Se sulla bacheca non vedi nulla che stimola davvero la tua motivazione, allora sostituisci le immagini che non t'ispirano con altre che accendono il tuo animo.

Mantenerti positivo ha un effetto cumulativo sulla tua vita. Quanto più sei positivo, motivato ed entusiasta in generale, e in particolare nelle tue manifestazioni, tanto più successo e felicità sarai in grado di ottenere. Se è vero che anche le persone negative possono ottenere il successo, è altrettanto vero che lo raggiungerebbero più facilmente se mantenessero un atteggiamento positivo.

Nelle circostanze del mondo reale, l'atteggiamento di una persona può aprire e chiudere molte porte. Quando una persona cerca un nuovo impiego, ambisce a una promozione o desidera un trasferimento in un altro reparto dell'azienda, l'esito dipende in gran parte dal suo approccio al lavoro e alla vita in generale. Anche un lavoratore autonomo ha più successo con i clienti e i fornitori quando mantiene un atteggiamento positivo.

Non stiamo dicendo che non ti capiteranno mai giornate storte o che dovrai fingere di essere positivo in ogni momento, non è certo di questo che intendiamo convincerti. Sappiamo tutti fin troppo bene che gli eventi della vita, a volte, possono interferire con le nostre intenzioni. Quando ci troviamo ad affrontare una brutta notizia o un'improvvisa svolta del destino, può essere facile scivolare in uno stato d'animo negativo. L'importante è essere consapevoli di quei momenti e cercare di limitare il loro impatto.

Quando sei consapevole del tuo stato d'animo, puoi sviluppare una visione realistica della vita. In questo caso, riesci a vedere da te dove stai investendo la tua energia. Per esempio, se sei pienamente conscio di quando sei positivo e di quando sei negativo, puoi determinare gli effetti che ognuno di questi atteggiamenti produce sulla tua vita. A quel punto hai maggiori requisiti per compiere scelte consapevoli su come reagire a una data situazione.

Sì, puoi scegliere come reagire. Magari pensi che il tuo modo di far fronte alle situazioni sia quello più adatto perché è dettato dalle circostanze del momento, ma in realtà quel momento è l'esito di una tua scelta. Pensa a una situazione particolarmente stressante in cui ti sei trovato coinvolto e prova a immaginare come avrebbe reagito una persona per cui nutri un sincero rispetto: l'avrebbe fatto in modo più positivo, più negativo o in modo analogo al tuo?

Lo scopo di questa riflessione è capire che non c'è un modo "più adatto" di reagire a un dato evento. L'unico parametro per stabilire ciò che è adatto è come ti senti. Se ti senti in colpa o in qualche modo soffri per quella reazione, allora non è stata la scelta giusta per te. Viceversa, se ti senti sollevato e stai bene, allora hai preso la decisione giusta.

Puoi allenarti a reagire in modi che scegli consapevolmente, con piccoli passi verso la costante consapevolezza del fatto che, in realtà, sei tu a compiere una scelta. Perciò, la prossima volta che ti trovi in una situazione stressante o inattesa, prova a fare così: respira prima di agire, prenditi cinque-dieci secondi per calmarti e centrarti prima di esprimere una reazione, poi, una volta che ti sei calmato, cerca di capire se ti senti ancora incline a reagire come avresti fatto inizialmente.

Se questo procedimento ti sembra troppo semplicistico, chiediti perché hai questa impressione. Allenarsi, sostanzialmente, significa ripetere più volte la stessa azione: in questo caso, ti stai allenando a pensare prima di agire. È semplicissimo. Quando avrai affinato questo talento, sarai libero di prendere decisioni con piena consapevolezza.

Molte persone ritengono che, quando cominciano a essere consapevoli – non solo delle conseguenze di una scelta, ma del fatto stesso di avere la possibilità di scegliere – compiono più spesso la scelta giusta. Non è un caso che la scelta giusta, quasi universalmente, sia reagire a ogni situazione in modo positivo. Di solito questo tipo di reazione non è solo quella che porta risultati migliori, ma è anche quella che fa *sentire* meglio. L'idea di covare rabbia verso qualcuno e voler "fargliela pagare" può avere il suo fascino o dare soddisfazione temporaneamente, ma la verità è che di rado ci fa sentire bene nel lungo periodo.

Il ponte tra pensieri positivi e azioni positive è facile da attraversare. Per la maggior parte delle persone, di solito, la scelta di pensieri positivi si traduce in azioni positive. Per esempio, non si è mai sentito il caso di qualcuno che coltiva costantemente pensieri positivi e poi agisce regolarmente in modi negativi. Quello sfasamento tra pensieri e azioni può durare per un certo periodo, ma alla fine sarà superato. I nostri pensieri diventano le nostre azioni e, altrettanto spesso, le nostre azioni possono diventare i nostri pensieri.

Ciascuno di noi ha una serie predefinita di azioni che compie automaticamente. Questi schemi derivano da una combinazione di esperienze passate, educazione ricevuta, valori morali e inclinazioni generali della nostra personalità. Le azioni che sono in linea con la nostra indole di solito si compiono molto più rapidamente e con minimo sforzo. Viceversa, i comportamenti contrari alla nostra personalità possono causare uno sfasamento tra pensiero e azione.

Sperimentare un periodo di sfasamento tra pensiero e azione non è necessariamente una cosa negativa. In alcune circostanze ci lasciamo guidare da un programma predefinito di azioni che non giovano né a noi stessi né al mondo. Quando ci accorgiamo di farlo, dobbiamo riallinearci a una nuova serie di azioni predefinite.

Il desiderio di allinearsi in modo più positivo è molto comune. Per esempio, alcune persone giungono gradualmente alla conclusione di voler essere meno rabbiose. Arrivando a comprendere che essere più calme e felici migliorerebbe non solo le loro relazioni interpersonali, ma anche la loro salute, la loro longevità e il loro livello di abbondanza, fanno uno sforzo per cambiare certi aspetti della loro personalità. Oltre ai tratti caratteriali più nocivi, come la rabbia, se ne possono cambiare anche altri. Se hai mai avuto la sensazione di essere troppo passivo o accomodante, o hai qualche altra caratteristica che non ti è più utile, puoi cambiare.

Riallineare i propri tratti caratteriali è un'operazione sorprendentemente semplice. Con una piccola dose di disciplina, anche gli impulsi più radicati si possono modificare. Sono state pubblicate innumerevoli storie di persone molto negative che a un certo punto hanno avuto una rivelazione e hanno trasformato completamente la loro vita. Non erano individui più speciali degli altri, semplicemente volevano intraprendere un cambiamento profondo e attrarre più persone e circostanze positive.

Il primo passo verso qualunque tipo di trasformazione è la consapevolezza. Se riconosci che dentro di te c'è qualcosa che vorresti cambiare, compi già il passo più importante, e per certi aspetti più difficile, per raggiungere l'obiettivo. Il passo successivo è diventare gradualmente sempre più conscio dei momenti in cui esprimi un comportamento che non ti serve più.

Quando riconosci l'atteggiamento che determina le tue azioni, puoi scegliere di interrompere il flusso pensiero-azione e introdurvi un nuovo elemento. Invece di agire nel modo negativo che in passato faceva parte del tuo programma predefinito, puoi sperimentare scegliendo un'opzione più positiva. Il risultato di questo piccolo esperimento probabilmente ti ricorderà di mantenerti positivo anche quando le cose cominceranno a dare l'impressione di scivolare nella direzione opposta.

L'importante è tenere a mente che non sei solo. Il tuo Creatore divino, gli angeli, i tuoi amici e la tua famiglia ti supportano a ogni passo del tuo cammino. Non esistono situazioni che non possono essere migliorate con un approccio positivo. La positività e la disponibilità a guardare avanti, con le scelte e le parole che affermi, sono investimenti che fai su te stesso.

NONO MESSAGGIO

Rimani focalizzato

Nei capitoli precedenti abbiamo spiegato quant'è importante rimanere focalizzati durante le visualizzazioni e le affermazioni. Quindi magari stai pensando: "Non ne abbiamo già parlato?". È vero, ma per gli Angeli dell'Abbondanza questo argomento è così importante da meritare un capitolo interamente dedicato.

La focalizzazione è la chiave di ogni manifestazione, quindi anche di ogni forma di abbondanza. Ti consigliamo di essere più specifico possibile quando manifesti e pronunci le tue affermazioni, ma è proprio la focalizzazione che ti assicura di ricevere esattamente ciò che vuoi. A volte può essere difficile rimanere focalizzati, specialmente se stai muovendo i primi passi nella manifestazione. Sono stati scritti numerosi libri su come aumentare la durata dell'attenzione e sui vari fattori di disturbo che potrebbero impedire una focalizzazione a lungo termine. Ma chiunque – a prescindere dalla propria condizione fisica o dal proprio stato emotivo – può focalizzarsi per il tempo sufficiente a compiere semplici visualizzazioni e affermazioni. La chiave è utilizzare alcuni strumenti e tecniche che ti aiuteranno nel tuo percorso.

Strumenti e tecniche di focalizzazione

Per la maggior parte delle persone, lo strumento essenziale è costituito semplicemente da una penna e da un blocco per appunti. Scrivere appunti esaurienti ti aiuterà non solo a ricordare l'oggetto su cui ti vuoi focalizzare, ma anche a tenere traccia dei tuoi progressi. Ogni affermazione che vuoi pronunciare, ogni cosa che vuoi visualizzare, dovrebbe essere fissata su quel blocco di carta. Il modo in cui organizzare questo materiale dipende esclusivamente da te.

Non ci stancheremo mai di sottolineare quanto ti sarà utile tenere appunti nei giorni e nelle settimane a venire. Rimandare di svolgere questo semplice compito può accadere molto facilmente, ma ricorda che annotare nel dettaglio cosa ha funzionato e cosa non ha funzionato ti aiuterà ad affinare la tua focalizzazione rendendola sottile come una lama di rasoio. Il fatto stesso di scrivere contribuirà di per sé a migliorarla.

Quando ti siedi a trascrivere i tuoi pensieri e le tue attività, alleni non solo la memoria ma anche parti del tuo cervello che ti permettono di concentrarti su un unico compito. Se per tua natura ti è difficile concentrarti, questo semplice esercizio potrebbe richiedere più tempo. Ma non è un problema: nessuno verrà a giudicare la tua velocità.

Se ti piace pronunciare affermazioni multiple a rotazione su base settimanale, è una buona idea trascriverle indicando i rispettivi giorni in cui intendi usarle. Questo metodo ti aiuterà a focalizzarti su ogni singola affermazione, invece di distrarti chiedendoti quale usare ogni giorno. Per le tue visualizzazioni, ritagliare o disegnare un'immagine dell'oggetto che vorresti – o una sua rappresentazione simbolica, nel caso di un avanzamento di carriera e di beni meno tangibili – ti aiuterà a entrare direttamente nella visualizzazione, invece di distrarti cercando di ricordare esattamente l'aspetto dell'oggetto che desideri.

Candele

Esistono altri semplici oggetti che possono aiutarti a rimanere focalizzato. L'uso di una candela può aiutare la mente a focalizzarsi sui tuoi obiettivi. Nei templi e nelle chiese si accendono candele da secoli, perché simboleggiano la luce della fede. Sono anche ottimi punti focali per concentrare la mente e le emozioni sui desideri senza che l'ego ti distragga con le sue paure.

Il vantaggio offerto da una candela è che si tratta di un oggetto fisico che puoi tenere in mano. Sai che c'è perché puoi vederlo e sentirlo. Nel tuo subconscio, questa presenza conferisce credibilità alle tue affermazioni. Inoltre, puoi usare una specifica candela per ogni oggetto o obiettivo che hai scelto di manifestare, in modo tale che la tua completa focalizzazione sarà puntata proprio su quello specifico oggetto o obiettivo, evitando così che la mente venga deviata verso qualcos'altro.

Il procedimento più semplice per utilizzare una candela come strumento di focalizzazione è esposto in questi passaggi, molto facili da ricordare.

1. Scegli una candela di piccole dimensioni, che non è mai stata usata prima. Se sai che per il tuo scopo vorresti usarne una di un colore specifico, scegli quello, altrimenti procedi con una candela bianca.
2. Lava la candela in una piccola bacinella con acqua salata (puoi prepararla tu stesso o usare acqua marina, potendo). Poi asciugala bene.
3. Tieni in mano la candela e immagina l'obiettivo che vorresti raggiungere. Se è un oggetto specifico, cerca di immaginarlo tutto racchiuso nella candela, in attesa di venire fuori.
4. Accendi la candela e lasciala bruciare completamente. A questo punto sentiti libero di recitare un'affermazione o semplicemente di meditare sull'oggetto dei tuoi desideri. Questo metodo è particolarmente efficace quando fai il bagno.

È tutto ciò che serve sapere riguardo le candele per le manifestazioni. Ci sono alcune tecniche avanzate in cui la candela viene immersa nell'olio, si osserva il modo in cui la fiamma oscilla e si utilizzano specifici colori e particolari tipi di cera, ma sono dettagli che vanno oltre il tema di questo libro.

Cristalli

I cristalli sono un altro strumento che può aiutarti a rimanere focalizzato. Come le candele, sono oggetti fisici che puoi tenere in mano in modo da riuscire a concentrarti meglio sui risvolti concreti di ciò che stai facendo. Alcuni cristalli adempiono una duplice funzione, perché possono anche amplificare e focalizzare il lavoro di manifestazione già in corso.

Per gli scopi della manifestazione, il cristallo più sicuro, economico e facile da procurarsi è il quarzo ialino (o cristallo di rocca). Non preoccuparti della dimensione, della forma o della purezza della pietra per questo esercizio. Se hai la fortuna di vivere in una zona dove i cristalli abbondano in natura, puoi semplicemente staccarne uno dalla roccia. E se già possiedi una pietra che ti è particolarmente cara, sentiti libero di usarla. I passaggi seguenti sono semplici ma possono rivelarsi molto efficaci, anche per chi non ha mai usato i cristalli nelle manifestazioni.

1. Depura il tuo cristallo immergendolo in acqua salata (una soluzione che prepari tu stesso o acqua di mare) o esponendolo alla luce della luna piena.

2. Visualizza l'oggetto dei tuoi desideri nel modo più dettagliato possibile.
3. Immagina che l'oggetto visualizzato stia attraversando il cristallo, e che il cristallo sia come una lente che rende l'immagine più grande, più luminosa e più definita.
4. Tenendo il cristallo in mano, ripeti un'affermazione tutte le volte che lo desideri.

È ovvio che potenzialmente esistono molte altre operazioni che puoi compiere con i cristalli. Come abbiamo detto in altre occasioni, il lavoro con i cristalli è una disciplina di per sé. Puoi approfondirlo se vuoi, oppure attenerti a questa semplice pratica. In questo libro abbiamo scelto la semplicità perché, quante più regole t'imponi o lasci che gli altri t'impongano, tanto più è probabile che le dimentichi. Per i principianti della manifestazione è molto più importante concentrarsi su ciò che conta di più, in questo caso le visualizzazioni, le affermazioni e i propri obiettivi, invece che su arcani principi. Non farai arrabbiare nessuno e non praticherai la manifestazione nel modo "sbagliato" se sceglierai la semplicità e ti atterrai ai quattro passaggi spiegati qui sopra. Se sei guidato ad aggiungere o a rimuovere qualunque passaggio, sentiti libero di farlo. Il metodo migliore è quello che funziona per te.

Lo yoga, il tai chi e la meditazione

Oltre a strumenti fisici come le candele e il blocco per appunti, esistono anche esercizi che ti aiuteranno a focalizzarti sulla tua vita e sulle tue manifestazioni. Lo yoga è un metodo sempre più diffuso per tonificare il corpo e affinare la mente, perciò ti consigliamo di praticarlo se senti che è adatto a te. Altre persone traggono più benefici da regolari sessioni di tai chi. Questa attività offre l'ulteriore vantaggio di poter essere praticata liberamente nei parchi di tutto il mondo. Se c'è un parco pubblico o uno spazio verde abbastanza grande nella tua città, è probabile che gruppi di praticanti di tai chi ci si riuniscano regolarmente nella bella stagione. Il motivo per cui lo yoga e il tai chi ti aiutano a migliorare la focalizzazione è che, oltre a essere attività meravigliose per il corpo, sono anche di natura meditativa. Meditare, in qualunque forma, aiuta a focalizzare la mente attraverso uno specifico allenamento. E anche se è perfettamente accettabile e molto benefico limitarsi alla meditazione, praticarla durante sessioni di yoga o di tai chi ha il vantaggio aggiuntivo dell'esercizio fisico che, quando è svolto con regolarità, favorisce una maggiore concentrazione e aumenta la capacità di memorizzazione. Questi benefici aumentano quando l'esercizio fisico e la meditazione vengono affiancati. (Troverai alcune meditazioni guidate nell'Appendice.)

Rinnova la tua focalizzazione

A volte ti capiterà di perdere la focalizzazione, a prescindere da quanto è allenata la tua mente, da quanto sono approfonditi i tuoi appunti e da quanto sei centrato. Quando accadrà, non farti prendere dal panico: è una cosa assolutamente naturale. Il tuo subconscio ti sta solo dicendo che in quel momento dovresti concentrarti su qualcos'altro. A volte è giusto soffermarsi sui pensieri che entrano nella mente per distrarti. Prenditi un momento per analizzarli e, se qualcuno di essi ha bisogno di essere approfondito, fallo pure. Gli altri si placheranno con la contemplazione e il semplice riconoscimento della loro esistenza da parte tua, dopodiché sarai in grado di tornare al tuo lavoro di manifestazione con la mente sgombra e focalizzata. Perdere la focalizzazione non è la fine del mondo: è semplicemente un'opportunità per riconsiderare le tue priorità in quel particolare momento.

La differenza tra una tecnica di manifestazione eseguita con la mente focalizzata e una eseguita con la mente non focalizzata è simile a quella che passa tra una musica eseguita da un maestro e la stessa suonata da un allievo del primo anno. La manifestazione farà comunque il suo corso, ma con efficacia assai maggiore e risultati di gran lunga migliori quando la mente è focalizzata. È per questo motivo che t'incoraggiamo a capire cosa distrae la tua attenzione e a eliminarla dalla tua mente il più presto possibile.

Se ti sforzi di effettuare visualizzazioni o affermazioni mentre pensi alla biancheria da lavare, alla cena da preparare per i bambini e che devi portare fuori il cane, essenzialmente sprechi il tuo tempo. È un dovere che hai verso te stesso quello di essere completamente focalizzato quando intendi manifestare l'abbondanza, che è già pronta per venirti incontro.

Quando scopri che la tua mente è ingombra perché rimugina sulle cose da fare, a cui invece potresti pensare in un altro momento, un modo semplice per focalizzarti è formulare questa preghiera di ringraziamento: *"La mia vita è piena di abbondanza: abbondanza di gioia, amore e benedizioni; ed è libera da ogni preoccupazione. Coltivo questa abbondanza per contribuire a rendere il mondo un posto migliore."*

Questa semplice preghiera di ringraziamento ti ricorda che l'abbondanza è virtuosa, che tu sei *già* pieno di abbondanza e vuoi solo il bene per chiunque. Tutte le incombenze che possono essere rimandate vengono accantonate, perché in quel momento sei focalizzato su un progetto molto più grande. Sei una persona molto importante e devi concederti il tempo che ci vuole per eseguire bene il tuo lavoro.

A cominciare da oggi, continuando per tutto il tempo che desideri finché ti senti a tuo agio, ripeti questa preghiera di ringraziamento. Potresti scrivere un appunto, mettere un segno di spunta o un numero sul tuo diario dopo averla ripetuta ogni giorno. Pensa a come ti ha fatto sentire la prima volta che l'hai pronunciata. Confronta quella prima sensazione con quella del decimo giorno in cui la ripeti. Valuta quanto tempo impieghi per crederci davvero. A quel punto, sarai in grado di mantenere la tua focalizzazione a prescindere da ciò che ti dicono gli altri o ti dicevi tu stesso in passato.

Questo capitolo si intitola *Rimani focalizzato*, ma potrebbe essere cambiato in *Concediti il permesso*, perché è esattamente questo che succede quando mantieni la tua focalizzazione. La mente ti concede il permesso di avere tutta l'abbondanza che desideri. Ci sarà sempre una scusa o qualche incombenza da sbrigare, ma concedendoti il permesso ti ricordi che prenderti cura di *te stesso* è importante quanto prenderti cura di chi ti sta vicino. Invece di pensare a tutte le altre cose che dovresti fare – o a quanto ti senti in colpa perché ti prendi del tempo per te – considera tutte le cose buone che potrai fare con l'abbondanza che otterrai grazie al tuo serio impegno. Alla fine, tutti coloro che ti stanno vicini trarranno beneficio dal fatto che ti sei ricavato del tempo tra le molte incombenze della giornata per prenderti cura di te.

Come parte dell'abitudine di prendere appunti è bene, di quando in quando, soffermarti un momento per sviluppare nuove idee. Ogni singolo strumento o servizio che usi nella quotidianità ha preso forma da un'idea che è nata nella mente di qualcuno. Quella persona non è diversa da te, ma ha semplicemente portato avanti quell'idea nonostante si sia sentita dire da altri che avrebbe potuto fallire. Quando ti vengono delle buone idee, puoi iniziare a focalizzarti su di esse, visualizzarle e affermare che sono già realtà, che sono in grado di rendere felici le persone e di fruttarti meritati guadagni.

Manifestazione creativa

Quasi tutti i momenti della giornata possono essere usati per manifestare l'abbondanza in un modo o nell'altro. Sei costantemente circondato dalla meraviglia del creato e anche *tu* puoi creare. Una volta che avrai allenato la mente al punto da riuscire a focalizzarti su ciò che vuoi, a prescindere dalle distrazioni esterne, sarai in grado di effettuare una visualizzazione rapida che richiede solo cinque minuti, ovunque ti trovi. Supponi di partecipare a una tediosa riunione di lavoro che non ha assolutamente nulla a che fare con le tue responsabilità e le tue mansioni (non ridere: *capita*). Ebbene, è un momento perfetto per ripetere mentalmente le affermazioni o visualizzare l'oggetto dei tuoi desideri. Questa pratica ti aiuterà non solo ad ancorarti e a centrarti, ma anche a utilizzare al meglio il tempo che stai trascorrendo in quella riunione.

Quando pratichi la manifestazione in momenti che altrimenti sarebbero infruttuosi, ti riappropri del cosiddetto "tempo perso". Se tieni traccia di quanto riesci a riprendertene per dedicarlo alle manifestazioni, rimarrai sorpreso scoprendo quanti momenti sei riuscito a recuperare.

Come abbiamo detto, gran parte di questo lavoro ha un carattere residuale, quindi è probabile che non noterai subito gli effetti e non ti accorgerai subito che essi diminuiscono quando smetti di praticarlo. Uno degli aspetti più importanti della manifestazione, perciò, deve essere la costanza della focalizzazione.

Non arriviamo a dire che fermarsi proprio quando le cose iniziano a funzionare sarebbe una *follia*, ma vanificherebbe parte del tuo impegno. Quando smetti e poi ricominci, devi aspettare che trascorra la fase di latenza prima che le cose inizino nuovamente a funzionare. Sarebbe molto meglio continuare la pratica senza interruzioni, invece di fermarti e riprendere più volte. Se continui con costanza, non solo risparmi tempo, ma tieni anche allenata la mente a usare tutti gli strumenti di cui puoi disporre per la manifestazione. Mantenere costante la tua pratica è il modo più efficace per rimanere focalizzato.

DECIMO MESSAGGIO

CONCEDITI DI RICEVERE

Puoi leggere migliaia di libri sulla prosperità e frequentare centinaia di seminari sulla Legge dell'Attrazione, ma, se non ti concedi di ricevere, nessuno di questi principi ti aiuterà a chiedere ciò di cui hai bisogno.

Quando segui i messaggi degli Angeli dell'Abbondanza, la magia inizia a manifestarsi nella tua vita. Ti vedi offrire delle opportunità, ti vengono in mente nuove idee brillanti e ti senti ispirato a realizzare i tuoi sogni. Ed è a questo punto che devi superare le paure dell'ego riguardo al ricevere, altrimenti saboterà tutti i tuoi sforzi e continuerà a bloccarti, impedendoti di manifestare l'abbondanza che desideri e meriti.

Comincerai a notare dei doni in molte forme diverse: possono essere persone che si offrono di aiutarti, denaro che trovi nei posti più svariati e nuove idee che ti vengono in mente. Quando arrivano questi doni, la formula magica da utilizzare è "Grazie". Proprio così: esprimi la tua gratitudine e accetta cortesemente il bene che stai ricevendo.

Ovviamente, se le tue sensazioni istintive ti mettono in allarme dicendoti che non puoi fidarti della persona che ti sta offrendo qualcosa, farai bene a meditare e a pregare: "*Caro Dio, non sono sicuro se sia l'ego o il mio io superiore a mettermi in guardia. Ti prego di proteggermi da qualunque influenza negativa.*" Nella maggior parte dei casi, però, tutto il lavoro che stai facendo ti porterà persone della massima integrità e occasioni gradite.

È sicuro ricevere

Tu (come tutti) meriti la felicità, la salute, l'abbondanza, l'amore e il successo. L'io inferiore (l'ego) è basato sulla paura, quindi si sente minacciato dalla felicità. L'ego prova a convincerti del fatto che non meriti di ricevere e che il successo comporterà un aumento di responsabilità, pressioni e cambiamenti nei tuoi rapporti interpersonali. Il tuo io superiore, invece, accetta con gioia ogni forma di supporto, perché sa che offre sostentamento allo scopo della nostra vita.

Quando ricevi, sei in condizioni migliori per aiutare gli altri. Per esempio, se ti concedi di essere pagato per il tuo lavoro di guarigione, d'insegnamento, creativo o spirituale, potrai lasciare un impiego meno significativo e dedicare più tempo e risorse ad aiutare gli altri.

Non togli nulla a nessuno se ti concedi di ricevere. Al contrario, costruisci un serbatoio di energia, autostima e forza che puoi mettere a disposizione degli altri. I tuoi talenti, le tue passioni e i tuoi interessi sono il fondamento dello scopo della tua vita.

Ecco alcune affermazioni angeliche che supportano cambiamenti salutari:

- È sicuro per me ricevere.
- Ora vivo la mia vita seguendo la mia guida interiore.
- È sicuro per me essere felice.
- Mi godo la pace e me la merito.
- Sono in empatia con me stesso.
- Mi fido e ascolto le mie sensazioni.
- Sono amato e supportato.
- È sicuro per me avere successo.
- Mi concedo di ricevere amore e supporto.
- È sicuro per me essere autentico con gli altri.
- Ho diritto di cambiare la mia vita affinché rispecchi le visioni del mio io superiore.
- Lascio andare facilmente il vecchio se il suo scopo è esaurito.
- Mi prendo cura di me al meglio in tutti i modi possibili.
- Quando vinco io, vincono tutti.

Formulare queste affermazioni tutti i giorni (mentalmente o ad alta voce) rinforzerà la tua autostima, la tua fiducia, la tua energia e la tua motivazione.

Gabbiani e tronchi alla deriva

Quando i tuoi sogni si avverano, sei come un marinaio che avvista la terraferma. In un primo momento ricevi dall'universo piccoli doni che vanno proprio nella direzione dei tuoi sogni. È quello che accade quando un marinaio scorge un gabbiano o un tronco galleggiante che segnala la vicinanza della terraferma. Cosa succederebbe se il marinaio pensasse che il gabbiano e il tronco non sono sufficienti e si infuriasse perché il suo sogno di approdare sulla terraferma non si è ancora avverato? Cosa succederebbe se, proprio in quel momento, perdesse completamente la fiducia nel suo sogno, abbandonasse ogni speranza e smettesse di procedere?

Questa metafora illustra la consuetudine fin troppo diffusa di rinunciare cinque minuti prima del miracolo. È fondamentale tenere la mente sgombra e notare tutti i piccoli segnali che preannunciano l'avverarsi del tuo sogno. I piccoli doni dell'universo sono come i gabbiani e i tronchi galleggianti. Continua a navigare nella loro direzione e troverai il tuo sogno!

L'equilibrio tra dare e ricevere

In questo mondo fisico tridimensionale basato sui dualismi e le polarità, esistono coppie di opposti che si bilanciano a vicenda. Una delle coppie di opposti che possiamo osservare ovunque in natura è quella del dare e del ricevere. Altri esempi sono il movimento delle maree, che salgono e scendono, e la respirazione, con cui si inspira ed espira l'aria. Molte persone sensibili e premurose sono più portate a dare che a ricevere, ma le due cose hanno pari importanza. Se ti limiti a dare, blocchi la tua ricezione dell'abbondanza, mentre se sei ricettivo sei anche aperto a un migliore ascolto – e a una migliore accettazione – della guida divina. Se ti limiti a dare, blocchi ogni forma di ricettività.

Il dare è un'energia maschile, mentre il ricevere è un'energia femminile. È essenziale bilanciare il dare e il ricevere ogni giorno per riequilibrare le energie maschili e femminili che abbiamo dentro di noi.

L'energia maschile tende al potere, all'autorità, al controllo e all'affermazione di sé nel mondo. L'energia femminile invece all'accudimento, all'intuito e alle emozioni. Tutti, maschi o femmine, abbiamo dentro di noi energie maschili e femminili. L'energia femminile è l'artista; l'energia maschile è il suo impresario o il suo agente.

In ogni relazione è importante che entrambi i componenti diano e ricevano. Hai mai avuto una relazione con qualcuno che voleva solo *prendere* da te? O conosci qualcuno che rifiuta di accettare aiuto? Stare vicino a persone sbilanciate è frustrante, perciò non vorrai causare frustrazione agli altri limitandoti a dare o a ricevere.

Prova a fare del tuo meglio ogni giorno per bilanciare il dare e il ricevere. Concediti di ricevere e ringrazia per i doni che si presentano sul tuo cammino. Permetti agli altri di aiutarti. Accetta complimenti e consigli.

Quando c'è equilibrio, dai come gli altri. Di fatto, puoi aumentare quanto ti danno gli altri e l'universo, dando tu stesso di più. E finché ti concedi di ricevere, non potrai mai dare più di quanto faccia l'universo. Tutto ciò che dai ti tornerà sempre decuplicato, purché tu ti *conceda* di riceverlo. Naturalmente, gli Angeli dell'Abbondanza dicono che non dobbiamo dare al solo scopo di ricevere, altrimenti non sarebbe un atto sincero e disinteressato. Quindi dai per la gioia di farlo e per la soddisfazione di compiere un servizio sacro tutte le volte che ne hai l'occasione in ogni modo possibile.

Sappi che puoi fare molto per il bene degli altri fin da subito. Non devi aspettare di pubblicare un libro, di avere un tuo centro di guarigione o di ottenere più fiducia in te stesso. Possiedi già il dono divino dell'aiuto e della guarigione. Perciò dai, dai, dai... e ricevi, ricevi, ricevi.

UNDICESIMO MESSAGGIO

RISPETTA IL TUO CONTRATTO DIVINO

All'inizio di questo libro abbiamo detto che tratta dei contratti divini, ovvero i patti che ognuno di noi stipula con il Creatore. Gli angeli svolgono un ruolo molto importante in questi accordi.

L'aspetto particolare di questo tipo di contratto è la sua unilateralità. Lo stipuli per ricevere esattamente ciò che chiedi. Nessuno si aspetta che contraccambi, se non, forse, con un minimo di apprezzamento e di cognizione della fonte da cui provengono le tue benedizioni.

Gli Angeli dell'Abbondanza riferiscono i tuoi desideri e auspici al Potere universale, dal quale vengono soddisfatti. Leggendo questo libro hai già imparato quanto è importante che il messaggio trasmesso corrisponda esattamente a quello che desideri. Non vogliamo spaventarti sottolineando l'importanza della specificità, bensì comunicarti una verità di cui devi essere consapevole per comprendere appieno le tue scelte.

La consapevolezza è la chiave in molti ambiti della vita. Senza di essa saresti come un drone. Tutte le tue scelte devono essere compiute essendo perfettamente conscio del motivo per cui le stai facendo. La razionalità non è necessariamente la motivazione migliore: ciò che conta è avere un motivo ed esserne consapevoli.

Uno degli aspetti più insidiosi a questo riguardo è l'impatto delle nostre scelte sulle altre persone. È vero che a volte le nostre decisioni possono avere conseguenze negative sui nostri cari, ma gli angeli ci insegnano che questo non accadrà mai se siamo veramente consapevoli del motivo per cui le prendiamo. Imparare a prevedere le ripercussioni delle nostre scelte e delle nostre azioni fa parte delle lezioni che dobbiamo apprendere nella vita terrena.

Le conseguenze non si ripercuotono all'infinito in una catena di eventi. Come un sasso gettato in un lago, l'energia delle tue scelte alla fine torna a essere neutrale. Questa è una notizia confortante, perché la mente umana può avere qualche difficoltà a concepire l'infinito. Ciò significa anche che, se le tue intenzioni sono sufficientemente ponderate, puoi prevedere in linea di massima quale impatto avranno sugli altri.

Siamo convinti che siano pochissime le persone che decidono deliberatamente di nuocere. Per la maggior parte, gli esseri umani sono gentili e di buon cuore, e le pene e i dolori causati da altri sono per lo più involontari. Quando aumentiamo la nostra consapevolezza, diventiamo fari illuminanti che mostrano agli altri come accrescere la propria.

Gli Angeli dell'Abbondanza c'incoraggiano a diventare modelli di consapevolezza nelle nostre scelte. Trasmettono ogni nostro messaggio, anche se non ci accorgiamo di affidarglielo. Quando siamo più consapevoli, gli angeli possono consegnare messaggi amorevoli che ci aiutano immensamente. Potendo scegliere, tutti preferiscono trasmettere notizie e richieste positive invece di messaggi negativi.

I termini del contratto

La natura dei contratti che stipuliamo con il nostro Creatore può cambiare nel corso del tempo. Se abbiamo una rivelazione e decidiamo che il percorso attuale della nostra vita ora è inaccettabile – o deve essere migliorato in qualche modo – siamo liberi di cambiarlo. Usando gli strumenti illustrati in questo libro possiamo attrarre abbondanza in ogni ambito.

La misura del tempo, qui sul nostro Pianeta, è una concezione esclusivamente umana. Magari credi che, siccome hai vissuto a lungo la tua esistenza secondo uno schema prestabilito, ci vorrà altrettanto tempo per *cambiarla*. Ma non è affatto vero. La tua vita è assistita da esseri divini che non conoscono in alcun modo limiti di tempo e di spazio. Possono aiutarti *subito* a far progredire la tua vita in una direzione positiva e appagante. Tuttavia, come in tutti i contratti, devi dare qualcosa in cambio.

Che cosa potresti dare tu, come essere umano in un corpo fisico, a un essere spirituale che non conosce limiti? Dopotutto questi esseri possono avere tutto ciò che desiderano in qualunque momento, ammesso che possano desiderare qualcosa. La misura del valore esiste solo per gli umani, per la finitezza del nostro piano fisico. Il piano spirituale non ha limitazioni di questo genere, quindi l'idea di dare qualcosa in cambio può sembrare assurda. Ma per nostra fortuna c'è una cosa molto importante che possiamo offrire in cambio dell'assistenza divina, e quell'offerta preziosa si chiama *permesso*. Dio, gli angeli e tutti gli esseri divini non possono agire per tuo conto se non chiedi espressamente il loro aiuto. Il tuo diritto all'autodeterminazione e il tuo libero arbitrio sono illimitati per l'eternità. Anche se questi esseri divini volessero contravvenire al tuo libero arbitrio (cosa che ovviamente non vogliono fare), non potrebbero.

Siamo su questo Pianeta per un motivo molto importante. E anche se lo scopo di ogni persona è diverso, comprende invariabilmente la possibilità di compiere delle scelte. Ogni giorno migliaia di ragioni ci inducono a trascurare il nostro scopo divino, perciò il nostro migliore contributo al mondo è la capacità di ignorare le tentazioni. Possiamo spegnere la televisione, posare i giochi elettronici, dire di no a una serata in discoteca.

Naturalmente non è necessario che tu ti autoescluda dalla vita. Un'esistenza monastica può essere appagante per alcune persone, ma non è il tipo di vita che la maggior parte di noi è chiamata a condurre per realizzare il proprio scopo. Devi solo essere capace di focalizzarti sui tuoi progetti e tenere lontana ogni forma di potenziale negatività, mentre ricrei la tua vita in modi nuovi che portano abbondanza.

Saprai istintivamente se il tuo contratto è positivo perché, quando lo è, farai del tuo meglio per ignorare tutti coloro che ti dicono che le cose belle prima o poi finiscono. Il mantra sufi che dice "anche questo passerà" può essere vero ma, nel caso dei contratti divini, quando ne finisce uno, subito dopo ne comincia un altro. I periodi felici di positività, amore e abbondanza non devono necessariamente arrivare a una fine.

Il proposito di tutti questi contratti divini è di aiutarti a sintonizzare la tua vita in modo che le distrazioni esterne non ti facciano distogliere l'attenzione dallo scopo della tua vita. Gli angeli non vogliono che inezie, come la preoccupazione e la mancanza di risorse, interferiscano con le lezioni che sei chiamato ad apprendere. Desiderano assolutamente aiutarti in ogni ambito della tua vita in cui senti di poter avvalerti della loro assistenza. Tu non devi fare altro che mettere da parte l'orgoglio e chiedere aiuto.

Talvolta possiamo avere l'impressione di non smettere mai di chiedere aiuto, e che il nostro bisogno è così grande che non riusciamo a capire perché nessuno accorre. Ma questo è semplicemente un equivoco dovuto a una differenza di prospettive nel valutare la situazione. Noi siamo necessariamente coinvolti in prima persona nella nostra vita, vediamo le cose da un punto di vista soggettivo e può essere molto difficile adottare la prospettiva di un osservatore esterno. Dio e gli angeli, invece, non hanno limitazioni e possono vedere ogni singolo aspetto della nostra vita con una chiarezza e una saggezza maggiori di quanto possiamo immaginare.

Se chiedi aiuto con animo sincero e sei pronto a riceverlo, allora lo ottieni. Forse non riuscirai a vedere o ad apprezzare appieno il livello di aiuto che ricevi in un dato momento, ma sappi che tutto è stato predisposto per il tuo bene supremo.

A volte è difficile accettare questo messaggio. Può venire spontaneo confondere ciò che crediamo sia meglio per noi con ciò che lo è *davvero*. È qui che interviene la fede. Dobbiamo riuscire a confidare che Dio e gli angeli vegliano su di noi a ogni passo del nostro cammino.

Non affliggerti se trovi delle difficoltà in questo, dopotutto, se la fede fosse a portata di mano, non avrebbe valore. Per definizione è qualcosa a cui si arriva dopo molta attività contemplativa.

Chiudere o emendare un contratto

Quando senti che il tuo contratto divino è giunto al termine, puoi chiuderlo in qualunque momento. Se le tue priorità sono cambiate per qualsiasi motivo, puoi semplicemente passare a una manifestazione differente. Non è necessario che aspetti che ogni contratto divino si concluda con successo prima di passare a stipularne uno nuovo. Puoi chiuderlo in diversi modi.

– Il primo modo per cancellare un vecchio contratto consiste semplicemente nel chiedere ai tuoi angeli di farlo. Qualunque angelo ne ha la capacità, ma recidere i cordoni che ti legano al tuo vecchio contratto è una specialità dell'Arcangelo Michele. Un cordone è essenzialmente un legame spirituale con un oggetto, un desiderio, un altro essere vivente o un pensiero. Sviluppi dei cordoni tutte le volte che incontri uno di questi oggetti, desideri, persone o pensieri. I cordoni sono canali che trasmettono energia tra te e chiunque altro nell'universo. Quando si sviluppano troppo fittamente al punto da privarti dell'energia, o anche solo quando non hai più bisogno di quella cosa o persona nella tua vita, puoi chiedere che vengano recisi. Il taglio dei cordoni spesso porta sollievo, se ne hai sviluppati troppi, ma sappi che questa operazione non rimuove mai dalla tua vita le influenze positive. E non devi temere che rimuovere i cordoni che ti legano al tuo partner influirà negativamente sulla tua relazione.

Quando tagli i cordoni che ti legano al tuo vecchio contratto, comunichi all'universo che non intendi più spendere energia su quell'obiettivo e che vorresti reinvestirla nel nuovo contratto. Non esistono penali per chiudere in anticipo un contratto divino.

– Il secondo metodo è un po' più esoterico. È perfetto per coloro che lavorano meglio con simboli e oggetti fisici piuttosto che con pensieri intangibili. Se scegli questo metodo, scrivi su un foglio esattamente ciò che finora hai provato a manifestare e ad attrarre nella tua vita. Puoi scriverlo in modo dettagliato o generico in base alle tue preferenze. Questo processo serve a darti serenità mentale e conforto; non è un rituale segreto che dev'essere svolto secondo un ordine e un modo prestabiliti.

Quando hai scritto ciò che hai cercato di attrarre finora, sotterra il pezzo di carta. Un comune foglio di carta ricavata dagli alberi è biodegradabile nell'arco di qualche giorno, e questo processo rimuoverà dalla tua vita completamente e per sempre tutti i residui del vecchio contratto.

Se per qualche motivo hai cambiato idea, puoi anche riportare in vigore un contratto divino. Anche un contratto cancellato da qualche tempo si può riaprire per continuare il processo di manifestazione. Se ricordi con esattezza cosa avevi cercato di attrarre, puoi semplicemente chiedere agli angeli di aiutarti a raggiungere di nuovo quell'obiettivo. Altrimenti puoi ripetere il processo di manifestazione usando tutte le tecniche che hai applicato in precedenza. Questa volta dovrebbe risultarti più facile perché conosci già il processo.

La parola "contratto" potrebbe incutere timore. Ma in questo caso non hai nulla da temere. Con un contratto divino non contrai obblighi verso nessuno. Non sarai mai soggetto a penali per non aver ottemperato ai tuoi obblighi. Sei libero di entrare e di uscire dal contratto divino come preferisci. Esso si basa sull'amore incondizionato e ti aiuterà a esaudire i desideri del tuo cuore.

Gli Angeli dell'Abbondanza vogliono assolutamente che tu chieda il loro aiuto e desiderano che tu lo sappia. Hanno una pazienza infinita e attendono la tua richiesta. Non devi temere di disturbarli, perché possono essere in luoghi diversi contemporaneamente. Se chiedi la loro assistenza, non significa che non riusciranno ad aiutare qualcun altro che ha un bisogno più pressante. Sono in grado di aiutare ciascuno di noi e lo fanno con uguale impegno.

Postfazione

Congratulazioni! Ora hai una solida conoscenza della manifestazione in tutte le sue forme. Ogni ambito della tua vita può beneficiare degli strumenti e delle tecniche che hai appena imparato. Leggendo questo libro, hai compreso come puoi impegnarti non solo per migliorare la tua vita in ogni modo possibile, ma anche per migliorare il mondo intero.

Sei arrivato su questo Pianeta per compiere una missione importante. Dio e gli angeli, in particolare gli Angeli dell'Abbondanza che ti affiancano nel tuo lavoro, ti sostengono a ogni passo del tuo cammino. Ora che sai come invocarli e come chiedere l'aiuto di cui hai bisogno, la tua missione è molto più vicina al suo compimento.

Aiutandoti a svolgere la *tua* missione, gli Angeli dell'Abbondanza adempiono alla *loro*. Sono felici che hai dedicato del tempo a comprendere che sono pronti ad aiutarti. Non vogliono che tu soffra in alcun modo per la mancanza di risorse. Vogliono che tu abbia tutto ciò che ti serve per compiere la tua missione e aiutare il maggior numero di persone.

Lo strumento più efficace dell'universo per il lavoro di manifestazione è *quello che funziona per te*. Ti invitiamo caldamente a provare almeno una volta tutte le tecniche che hai imparato per individuare quella che ti fa sentire più a tuo agio. Se ti piacciono tutte, è fantastico.

Se invece ti senti fortemente attratto da una sola, allora utilizza esclusivamente quella scartando le altre. Non sei affatto obbligato a usare tecniche che ti sembrano inattuabili o che ti mettono a disagio.

Nell'Introduzione abbiamo spiegato che l'argomento di questo libro riguarda i contratti divini, e ciò vale anche per la Postfazione. La tua parte del contratto divino ora richiede che ti eserciti per ottenere i risultati. Ora hai le conoscenze e la motivazione per manifestare tutto ciò che desideri. Ora tocca a te andare avanti e far accadere ciò che vuoi. Gli Angeli dell'Abbondanza possono aiutarti solo se lo chiedi. Invocarli regolarmente è il metodo ideale per assicurarti che non sarai mai privo del loro aiuto e della loro amorevole guida.

Un fattore determinante della manifestazione è l'apertura a ricevere i doni che provengono da Dio e dagli Angeli dell'Abbondanza. Devi imparare a fidarti istintivamente del fatto che l'abbondanza che ti viene incontro è un dono del Divino.

Quando l'opportunità bussa alla tua porta, non fermarti a considerare se la meriti o se sei degno di riceverla. *La meriti assolutamente*. A volte, come nei casi dei colloqui di lavoro o di forti sconti su qualcosa che avresti voluto acquistare, l'opportunità ha uno specifico limite di tempo. Devi essere pronto a battere il ferro finché è caldo, come recita il detto popolare.

Se accidentalmente ti lasci sfuggire una di queste opportunità, non farti prendere dalla disperazione o dal panico, ce ne sono molte altre in serbo per te. Quando ti avvii sulla strada della manifestazione, ti sembra quasi che sia tutto orchestrato per farti avere successo e abbondanza. Ovviamente, quanto più sei sintonizzato per notare queste opportunità mano a mano che ti si presentano, tanta più abbondanza otterrai, ma non devi mai rimproverarti per aver perso un'occasione.

Noi ti consigliamo di tenere un diario personale dove scrivere del tuo impegno e delle tue esperienze con la manifestazione. Per esempio, puoi registrare la cronistoria di tutte le manifestazioni di abbondanza che ti arrivano mano a mano che usi queste tecniche.

Tenere un diario favorisce le manifestazioni perché agisce da promemoria. Per esempio, se hai scritto la cronistoria di quaranta giorni di successi in quaranta giorni di manifestazioni, saprai subito perché non è accaduto nulla il quarantunesimo giorno, quando hai dimenticato di formulare la tua affermazione o la tua preghiera.

La meditazione è un altro strumento molto efficace per la manifestazione dell'abbondanza.

(Abbiamo inserito alcune meditazioni guidate nell'Appendice, insieme ad alcune storie vere di manifestazione che potranno ispirarti durante il tuo percorso.)

Infine, questo non sarebbe un libro dei Virtue se non includessimo una piccola raccomandazione sull'equilibrio, che è la chiave per avere una vita appagante. Ricordati di non investire quantità sproporzionate di tempo e di energia in qualunque ambito. Certamente l'abbondanza e il successo sono cose considerevoli, ma non le più importanti della vita.

Soprattutto, assicurati di non passare tutto il tuo tempo a lavorare: nelle belle giornate di sole esci a fare una passeggiata, la sera guarda un bel film alla televisione con qualcuno a cui vuoi bene e concediti anche di "perdere" un po' di tempo ogni tanto. Conosciamo tutti persone dedite unicamente al lavoro che cercano un modo di monetizzare qualunque cosa, anche i loro piccoli passatempi. Questo non va bene, perché è indice di una vita squilibrata.

Una vita equilibrata comporta benefici diretti sulle tue manifestazioni. Non è vero che una persona deve pensare esclusivamente al suo obiettivo per raggiungere il successo. Quando la tua vita è equilibrata in tutti i sensi, ti permette di mantenere uno stato d'animo positivo che è proprio la condizione indispensabile per manifestare l'abbondanza in ogni suo aspetto. Le persone che lavorano ininterrottamente possono ottenere l'abbondanza sul piano finanziario, ma quali costi comporta la loro condotta nella salute e nell'amore?

Non intendiamo certo incoraggiare la pigrizia. Chiunque voglia ottenere buoni risultati nella manifestazione dovrà lavorare, a volte duramente, per raggiungere i propri obiettivi finanziari. Non basta desiderare l'abbondanza se non s'investe il proprio impegno in quella direzione. Ma l'ultima cosa che vogliamo è che la ricerca dell'abbondanza prenda il sopravvento su ogni altro aspetto della tua vita.

Ti salutiamo con queste parole: "Tutti siamo composti in egual misura da mente, corpo e spirito, perciò, ogni giorno impegnati per dedicare pari attenzione a ogni ambito della tua vita... e raggiungerai l'equilibrio perfetto."

Grazie per avere letto questo libro.

Doreen e Grant

APPENDICE

Storie di manifestazioni

Riceviamo regolarmente lettere di uomini e donne che hanno avuto grande successo con le tecniche illustrate in questo libro. In molti casi, si sono convinti a provarle perché sentivano di trovarsi in una situazione di emergenza o in una circostanza particolare. In un momento di disperazione, hanno deciso di correre il rischio e vedere se questi strumenti potevano aiutarli davvero.

I risultati, come potrai immaginare, hanno dimostrato che ne valeva la pena. Quando lasciamo andare il nostro ego e decidiamo che siamo arrivati al punto di non ritorno e non abbiamo più remore a chiedere aiuto, non ci sono limiti a ciò che possiamo ottenere. In questo mondo, le sole persone "limitate" – e lo intendiamo in senso lato, tenendo conto di tutti i possibili handicap, veri o presunti – sono quelle che non chiedono aiuto quando ne hanno bisogno.

Poco tempo fa ci ha scritto un uomo di nome Thomas dicendo che in quel momento era disoccupato perché la sua azienda era stata acquistata da una concorrente, una società più grande che aveva deciso di non tenere nessun membro del personale preesistente. Di conseguenza, diverse persone nella sua zona cercavano lo stesso tipo di lavoro.

Thomas era sicuro che avrebbe trovato un nuovo impiego, prima o poi, ma nel frattempo doveva far fronte alle spese ed era preoccupato per le difficoltà che questo stallo nella sua carriera causava alla sua famiglia. La matematica dimostrava che non aveva abbastanza denaro sul conto corrente per pagare tutti i debiti, e questo non lo metteva certo a suo agio.

Quello stesso giorno, Thomas cominciò a usare delle affermazioni. Ripeteva a se stesso: "Il Divino si prende cura di me in ogni senso. Ho sempre abbastanza denaro per far fronte alle spese."

Evidentemente credeva, come noi, che una semplice affermazione potesse essere molto efficace. Firmò assegni per pagare il mutuo, per saldare le carte di credito e per pagare debiti arretrati con alcune ditte. Ripeté l'affermazione mentre compilava ogni assegno e continuò a ripeterla mentre andava a impostarli.

Due settimane dopo, quegli assegni non erano ancora stati riscossi. Tuttavia, non ricevendo nessuna telefonata di sollecito, Thomas era indeciso su come gestire la situazione. Come spiega nella sua lettera, decise che la cosa migliore era chiamare lui stesso i suoi creditori, prima che decidessero che il tempo per ricevere i pagamenti era scaduto: tutti dichiararono di aver ricevuto gli assegni che Thomas aveva spedito e di averli riscossi dal suo conto. I debiti erano stati saldati e a quel punto non bisognava fare nient'altro.

Thomas continuò a monitorare il suo conto corrente, ma nulla attestava che gli assegni fossero stati incassati, anche se tutti i creditori gli avevano garantito di averlo fatto. Nel suo conto non c'era traccia di queste operazioni. Alla fine, la sua affermazione si era avverata: in qualche modo, aveva abbastanza denaro per far fronte alle spese.

La storia di Thomas, per quanto possa sembrare straordinaria, non è certo un caso isolato nelle vicende di chi pratica regolarmente la manifestazione. Qualunque sia l'ambito della tua vita che stai cercando di migliorare, riuscirai a raggiungere il tuo obiettivo praticamente ogni volta che usi questi strumenti. Il motivo per cui funzionano è che sono doni divini. Non sono soggetti a limitazioni umane e materiali. Il tempo e la distanza non significano nulla per gli angeli, che sono sempre pronti ad aiutarti ed entusiasti di farlo. E di certo non devi limitarti a usare gli strumenti che ti abbiamo presentato, sono semplicemente quelli che in generale le persone trovano più accessibili e utili. Gli angeli saranno felici di ascoltare qualunque messaggio amorevole con cui chiedi il loro aiuto, a prescindere dal modo in cui formuli la tua richiesta.

Un paio di anni fa, ricevemmo una lettera da una giovane donna di nome Margaret. Ci raccontava che, dopo un'interruzione di due anni, desiderava tornare all'università. In quel lasso di tempo aveva lavorato proprio con l'intenzione di mettere da parte abbastanza denaro per finire gli studi. Ma le sue entrate bastavano a malapena per coprire le uscite e non era riuscita a risparmiare il denaro necessario.

Margaret decise che, per raggiungere il suo obiettivo, doveva tentare una strada diversa, perciò creò una bacheca dei sogni. La sua bacheca era composta da immagini di automobili nuove, case con il cartello "venduta" e varie persone che si erano laureate. Queste immagini l'aiutarono a definire con chiarezza i suoi obiettivi, oltre che a tenere la mente focalizzata esattamente su ciò che desiderava, affinché Dio e gli angeli potessero portarle proprio ciò che voleva.

Margaret riferì che, nell'arco di tre settimane da quando aveva creato questa bacheca dei sogni, venne promossa a un ruolo dirigenziale in un'altra città. I vantaggi del trasferimento comprendevano un'automobile aziendale, un mutuo per lei gestibile e lezioni serali grazie alle quali riuscì a conseguire la laurea in management.

Come avrai capito, Dio e gli angeli non conoscono limitazioni di alcun genere. Ciononostante per loro è più facile darci ciò che vogliamo e di cui abbiamo bisogno quando lo definiamo con chiarezza. In questo modo è più semplice per noi raggiungere i nostri obiettivi.

Gli strumenti per la manifestazione sono molto potenti e si possono usare in modi originali e sorprendenti. Una lettera che ricevuta anni fa da una donna di nome Amanda illustra molto bene questo punto.

Una sera, Amanda era a casa e stava finendo di sbrigare delle faccende quando all'improvviso mancò la corrente elettrica. Vivendo in campagna, era preparata a questo tipo di inconvenienti, così ha acceso qualche candela d'emergenza. All'incirca un'ora dopo, la causa della mancanza di corrente elettrica si è palesata: un temporale violento e fragoroso. Amanda era comprensibilmente spaventata, ma decise di reagire. Prese le candele d'emergenza e immaginò acque calme, cieli sereni e l'elettricità che tornava nella sua casa. Usando tecniche molto simili a quelle esposte in questo libro, Amanda ha trasformato la sua candela d'emergenza in un potente strumento per la manifestazione.

Poco dopo aver terminato questo rituale, il temporale finì e Amanda poté tornare a vedere la luna e le stelle. La società di fornitura elettrica riuscì a ripristinare la corrente in tutte le case e la situazione si risolse senza danni.

La storia di Amanda ci dimostra come sia possibile manifestare i nostri desideri anche con poca preparazione e attraverso l'uso di strumenti minimi. Non dobbiamo per forza attenerci a rituali prestabiliti, a meno che non sentiamo che rispettarli rigorosamente ci aiuta in qualche modo. Se per te il rituale ha un significato, allora è importante, ma se senti che una parte del processo è noiosa o priva di valore, allora è inutile e puoi farne a meno. Se tutto ciò che hai a portata di mano sono delle candele d'emergenza, quale altro strumento potrebbe essere più efficace in una situazione di pericolo?

Moltissime persone ci hanno detto di temere che i loro problemi siano troppo banali per gli angeli. Ma non esiste alcuna eventualità che questo timore possa essere fondato. Qualunque situazione che ti distragga dalla tua missione personale merita l'aiuto di Dio e degli angeli. Non devi aver paura di importunarli. Loro vogliono sostenerti e aspettano solo che tu chieda il loro aiuto.

Tutte le volte che ci troviamo in difficoltà o siamo preoccupati per qualche motivo, la prima cosa da fare è chiedere aiuto. Per noi non è stato sempre facile. Come molte altre persone, in alcuni momenti del passato siamo stati entrambi troppo orgogliosi per farlo, anche quando ne avevamo veramente bisogno.

Per molte persone superare questo scoglio è un'impresa ardua. Purtroppo non esiste una soluzione che magicamente ti renda più umile. È il tuo atteggiamento *verso* l'aiuto che deve cambiare. Il modo in cui sei arrivato alle tue convinzioni attuali sul chiedere aiuto è unico, proprio come te.

Chiunque può arrivare a chiedere aiuto senza provare disagio: anche tu. Certo, a volte preferirai cavartela da solo. Ma questa è una cosa ben diversa dall'avere preclusioni verso l'idea stessa di chiedere aiuto. L'unico modo efficace per abituarti a questo compito importante è *continuare* a chiedere aiuto, ogni volta che ne hai l'occasione, se è possibile. Quanto più chiedi, tanto più ti verrà naturale farlo.

La ricompensa, ovviamente, vale i tuoi sforzi. Quando chiedi aiuto a Dio e agli angeli, compresi gli Angeli dell'Abbondanza, lo ricevi sempre. Come abbiamo detto, può darsi che l'aiuto non assuma una forma immediatamente riconoscibile, ma alla fine riceverai esattamente ciò di cui hai bisogno. Se scegli di *non* chiedere aiuto, il livello di sostegno che Dio e gli angeli possono fornirti è drasticamente ridotto. Ciascuno di noi è dotato del libero arbitrio e questa libertà prevede il diritto di provare a cavarsela da soli.

Per la maggior parte delle persone, una vita senza aiuto divino non è il tipo di esistenza che desiderano ardentemente. Non ci stancheremo mai di ripetere quanto è importante ed efficace il solo fatto di chiedere.

Una lettera che abbiamo ricevuto da un uomo di nome Dennis esemplifica molto bene questo punto. Dennis lavorava come tassista e aveva sempre creduto di essere il tipo d'uomo che se la cava da solo in tutto e per tutto. Per molto tempo questa supposizione era parsa fondata, quindi lui continuò a crederci fino a tarda età. Ma poi giunse una fase in cui fare tutto da solo stava diventando sempre più difficile. Nonostante avesse bisogno di assistenza, però, scoprì di essere completamente incapace di chiedere aiuto; anche quando gli veniva offerto, lo rifiutava, perché dal suo punto di vista accettarlo equivaleva ad ammettere la propria debolezza.

Per sua fortuna, Dennis ricevette in dono un meraviglioso sogno, nel quale la sua famiglia era riunita e felice. Nel sogno era in grado di aiutare i suoi cari al meglio delle proprie capacità e loro ricambiavano il suo aiuto. Riusciva a vedere i molti modi in cui gli erano grati per tutti i suoi anni di duro lavoro e di dedizione alla famiglia, e lui in cambio si ricordò di quant'era orgoglioso di loro, che gli stavano così vicini, così solleciti nell'offrirgli il loro aiuto.

Da quel giorno, Dennis non ha più avuto remore nel chiedere aiuto. Ora fa da solo tutto quello che riesce, ma se qualcosa è troppo difficile chiede assistenza. Alla fine, questi sviluppi lo hanno portato a chiedere l'intervento divino per sé e per vari membri della sua famiglia.

Nella lettera Dennis spiegava che, senza quel sogno, per il quale ringrazia gli angeli che glielo hanno mandato, forse non sarebbe entrato in una comunione così profonda con la sua famiglia e con Dio. Avrebbe continuato a mantenere le sue vecchie abitudini e forse non sarebbe vissuto molto a lungo.

Per certi aspetti la storia di Dennis è un caso estremo, ma per altri illustra una situazione che molti di noi devono affrontare prima o poi. A un certo punto, tutti arriviamo a un punto in cui non abbiamo altra scelta se non chiedere aiuto, e dobbiamo essere sufficientemente a nostro agio per poterlo fare senza esitazioni. Dennis è riuscito a superare quella barriera ed è stato ricompensato con una vecchiaia gratificante, serena e sicura. Immagina quali sorprese sono in serbo per *te*, se chiedi aiuto.

Quando chiedi aiuto al Cielo, in qualche occasione sei tenuto ad agire con sollecitudine per cogliere il dono che ti viene offerto. Se cerchi lavoro e all'improvviso ti chiamano per un colloquio, non puoi saltarlo e pretendere di ottenere l'impiego lo stesso. In casi come questo, devi compiere i passi indispensabili per andare incontro all'universo. In molti altri casi, l'aiuto che ti viene concesso è l'equivalente di una porta aperta da Dio: devi solo entrare.

Meditazioni per l'abbondanza

Quando mediti, riesci a sintonizzarti rapidamente con le energie positive dell'abbondanza. L'oggetto su cui ti concentri durante le meditazioni può influire sui risultati delle manifestazioni. Perciò è molto importante che ti focalizzi solo su immagini e pensieri positivi e pieni d'amore.

Questa sezione presenta diversi esempi di meditazioni per manifestare l'abbondanza. Sentiti libero di modificarle a seconda dei tuoi bisogni. Se ci sono specifici elementi verbali o visivi che desideri aggiungere, puoi inserirli in una delle meditazioni proposte lasciando invariato il resto o sostituendone alcune parti. Ma prima di fare aggiunte, poniti queste domande: "L'elemento che voglio aggiungere è positivo come sembra? Sono assolutamente certo di voler manifestare questa cosa?". Se la risposta a entrambe le domande è sì, allora puoi includere il tuo elemento senza timore.

La meditazione del primo esempio invoca Dio e gli Angeli dell'Abbondanza per chiedere loro di manifestare i tuoi desideri. Comincia e finisce con la respirazione.

Respira lentamente e a fondo, inspirando dalla bocca ed espirando dal naso. Ripeti questa respirazione più volte. Immagina che, a ogni respiro, lasci andare dal tuo corpo tutti i dubbi e le paure, mentre fai entrare pura speranza e positività.

Continua a respirare lentamente, mentre visualizzi mentalmente l'immagine di ciò che vuoi manifestare. Cerca di dare corpo a questa immagine nel modo più dettagliato possibile. Considera ogni aspetto dell'immagine desiderata come se avesse una concretezza materiale. Tieni ferma questa immagine nella mente, ignorando tutte le distrazioni esterne. Le uniche cose reali, in questo momento, sono la tua immagine e il tuo respiro. Mentre tieni ferma questa immagine, formula mentalmente o ad alta voce questa preghiera:

"Dio e Angeli dell'Abbondanza, chiedo il
vostro aiuto per continuare sul cammino della
mia vita senza distrazioni e disagi materiali.
Capisco che il mio cammino è importante
e vorrei focalizzarmi completamente senza
alcuna preoccupazione.
Confido che voi, Dio e angeli, mi aiuterete a
raggiungere questi obiettivi così come aiutate
tutti coloro che ve lo chiedono. Non ho dubbi né
paure nel mio cuore. Vi prego di far sì
che i miei desideri e i miei bisogni
vengano soddisfatti in ogni modo.

Grazie Dio, grazie Angeli dell'Abbondanza per i doni amorevoli e generosi che mi offrite adesso. Riaffermo il mio desiderio di continuare sul cammino che ho scelto insieme a Dio per migliorare il Pianeta nel modo più efficace. Amen."

Ora rilassati e focalizzati sul tuo respiro. Ogni respiro è un dono di Dio e ti ricorda che Lui provvede a te offrendoti abbondanza in molti modi diversi. Per Dio, tutte le forme di abbondanza si equivalgono. Dio e gli angeli te le offrono tutte con uguale generosità.

Resta rilassato e respira finché lo desideri. Puoi concludere la meditazione in ogni momento e ripeterla tutte le volte che vuoi. I dubbi e le paure rimangono fuori da questo spazio: sai che è assolutamente vero che Dio e gli angeli fanno ciò che è meglio per te, ora che hai chiesto il loro aiuto.

È importante notare che durante la meditazione puoi pensare a più di un oggetto o concetto. Le limitazioni sono dettate solo dall'ego. Il potere del Divino non conosce limiti, quindi nemmeno tu dovresti portene. Se desideri una splendida casa nuova, un'automobile fiammante o un lavoro diverso, prova a manifestare tutte e tre le cose contemporaneamente. Non devi aspettare che una manifestazione si concretizzi prima di passare alla successiva.

Se hai qualche difficoltà a focalizzarti su desideri multipli, allora svolgi questa meditazione per ciascun desiderio. Devi semplicemente mantenerti positivo, avere fede e ricordarti di chiedere, dopodiché tutti i tuoi desideri e bisogni saranno soddisfatti.

Se desideri una cosa molto specifica, come per esempio una casa particolare che hai già adocchiato, la precisione può essere di grande aiuto. Quando evochi la casa nella tua mente, visualizza le pareti esterne. Immagina la sensazione che proveresti toccandole. Chiediti: "Che sensazione dà questa casa? Ha un giardino sul retro?". Visualizza te stesso mentre tosi il prato e immagina la sensazione che proveresti nel farlo.

Tutti i particolari che aggiungi rendono l'immagine più reale e più credibile per te. Ricorda che quanto più è reale, tanto più è facile portarla nell'esistenza fisica. Questo accade perché sei più incline a credere che l'immagine sia reale, se la *senti* tale. Gli oggetti reali sono cose che puoi guardare, toccare, annusare, assaggiare e ascoltare. Se l'immagine che hai in mente attiva tutti e cinque i sensi, non c'è nulla che la separi dalla realtà fisica.

Come potrai notare, durante le meditazioni si usano quasi sempre le tecniche che hai imparato nei capitoli precedenti. Nella manifestazione, questo approccio che coinvolge l'intero corpo si è rivelato, parecchie volte, il metodo più efficace tra quelli attualmente noti. In futuro saranno scoperti altri metodi e i risultati potranno variare, come in effetti fanno, da persona a persona. Con la pratica scoprirai quali metodi di manifestazione sono più adatti a te.

Grant: La meditazione che segue è stata donata gentilmente per questo progetto da mia moglie, Melissa Virtue. Melissa ha condotto bellissime meditazioni per persone di tutto il mondo. Nella nostra trasmissione radiofonica settimanale, guida regolarmente gli ascoltatori attraverso meditazioni simili. Questa in particolare l'ha scritta appositamente per te che stai leggendo questo libro. Goditela!

Trova un posto comodo e tranquillo dove rilassarti. Siediti o sdraiati con i palmi delle mani rivolti verso il cielo. Chiudi gli occhi.

Inspira a fondo. Espira, rilasciando tutta l'aria. Ripeti la respirazione due o più volte.

Con gli occhi della mente, osserva una luce smagliante verde smeraldo che sorge dal terreno e penetra nei tuoi piedi. Questa luce è calda e confortante. Mentre continui a inspirare e a espirare, lasciando fluire il ritmo del tuo respiro, senti la luce verde che sale attraverso le tue gambe, i tuoi fianchi, il tuo bacino, il tuo stomaco, la tua cassa toracica e infine s'insedia nello spazio del tuo cuore. Senti questa calda luce che purifica e libera lo spazio del tuo cuore. Hai la sensazione che il tuo cuore si espanda a ogni respiro.

Ora vedi una palla di luce scintillante color argento che si muove fluttuando dalla sommità della tua testa, scende lungo la tua gola e infine s'insedia nello spazio del tuo cuore, dove si fonde con la luce verde. Puoi sentire questa splendida luce verde-argento che pulsa mentre apre, allinea e riequilibra il chakra del cuore.

Mentre la luce continua a connetterti con la Terra e con il Cielo, osserva, davanti a te, con l'occhio del-

la mente, un'arcata in pietra. Intorno all'arcata, noti una rigogliosa profusione di fiori e piante. Soffermati a guardare il tuo nome inciso in cima all'arco. Accanto al tuo nome puoi leggere: "... riceve abbondanza adesso." Questo è il tuo personale varco verso la prosperità. La tua scelta di attraversare questa soglia è un "sì" che fai risuonare nell'universo. Stai dicendo alla Fonte divina che adesso sei pronto a ricevere abbondanza. Sei aperto ad accogliere la prosperità in ogni ambito della tua vita. Sei disposto a lasciar entrare il tuo bene supremo nella vita.

Attraversando questa arcata, scopri un sentiero dorato.

Su questo sentiero trovi di fronte a te un Angelo dell'Abbondanza. Lo riconosci? Chiedigli il suo nome. È qui per guidarti lungo il sentiero dell'abbondanza. Cominci a percorrere questo sentiero con il tuo Angelo dell'Abbondanza. Forse vuoi osservare l'ambiente che ti circonda, mentre cammini. Forse senti il tintinnio delle campane, il suono cristallino di un'arpa, il battito profondo di un tamburo o lo sciabordio dell'acqua. Lascia che i tuoi sensi si aprano. Assorbi tutte le benedizioni che ti circondano. Ringrazia per il fatto di riceverle.

Proseguendo, cominci a intravedere un giardino fiorito. Mentre il sentiero dell'abbondanza ti conduce dentro questo giardino lussureggiante, vedi i raggi del sole che filtrano tra gli alberi e illuminano i fiori. Ti senti al sicuro, protetto e sereno. Al centro del giardino vedi un piccolo cerchio formato da cristalli. La tua guida angelica ti incoraggia a entrare nel cerchio. Le dimensioni dei cristalli ti permettono di sederti sopra ognuno di essi. Puoi osservare l'olivina, il quarzo rosa, l'ametista, il cinabro. Guardati intorno e scegli su quale cristallo sederti. Al centro del cerchio c'è una grande pietra di selenite.

Vedi che quella pietra comincia a splendere e davanti a te appaiono altri Angeli dell'Abbondanza.

L'Arcangelo Jophiel, il cui nome significa "Bellezza di Dio", viene verso di te per posare una mano sul tuo cuore e una sulla tua testa. Ora ascolta, perché ha un messaggio che vuole comunicarti.

L'Arcangelo Jophiel si mette dietro di te, mentre l'Arcangelo Michele si avvicina per posare una mano sul tuo cuore e una sulla tua testa. Ora ascolta il messaggio di Michele.

L'Arcangelo Michele si mette dietro di te, mentre l'Arcangelo Raffaele si avvicina per posare una mano sul tuo cuore e una sulla tua testa. Ora ascolta il messaggio di Raffaele.

L'Arcangelo Raffaele si mette dietro di te, mentre l'Arcangelo Metatron, l'angelo del cammino spirituale, si avvicina per posare una mano sul tuo cuore e una sulla tua testa. Ora ascolta il messaggio di Metatron.

L'Arcangelo Metatron si mette dietro di te, mentre l'Arcangelo Raziel si avvicina. Posa una mano sul tuo cuore e una sulla tua testa. Ora ascolta il messaggio di Raziel.

Gli angeli si mettono in cerchio intorno a te. Questi Angeli dell'Abbondanza ti hanno allineato e sintonizzato con la tua abbondanza, proprio come hai chiesto. Ringraziali per il loro aiuto, il loro supporto e la loro guida.

Adesso riceverai abbondanza in ogni ambito della tua vita, in tutti i modi che giovano al tuo bene supremo.

Dolcemente, la luce degli Angeli dell'Abbondanza diventa più fulgida, e ti avvolge con calore, sicurezza, pace, amore e gioia. Sappi che puoi invocare gli Angeli dell'Abbondanza in ogni momento per avere il loro aiuto.

Respirando in questa luce, ora sei pronto a riportare la tua coscienza nel presente, in questo spazio... adesso. Quando lo desideri, muovi le dita delle mani e dei piedi. Quando ti senti pronto, apri delicatamente gli occhi.

È importante che tu sia molto indulgente con te stesso dopo aver svolto una meditazione come quella di Melissa. Non pensare di dover correre fuori e cominciare subito un progetto. Il tempo che hai dedicato alla meditazione non è sprecato e non devi recuperarlo lavorando il doppio nelle prossime ore. Quello che hai appena concluso è un lavoro che meriti e che devi concederti di fare. Prenditi del tempo per rilassarti, distenderti e assimilare i messaggi che hai ricevuto.

Gli autori

Doreen Virtue ha conseguito una laurea specialistica e un dottorato in psicoterapia. È autrice di vari libri e mazzi di carte oracolari che trattano tematiche spirituali. Nota soprattutto per il suo lavoro con gli angeli, spesso è definita "La regina degli Angeli". Attivista da sempre, Doreen aderisce a movimenti ed enti benefici che promuovono la tutela dell'ambiente, il rispetto degli animali, la salvaguardia dell'acqua e dell'aria e la diffusione di alimenti biologici e non geneticamente modificati.

Doreen ha partecipato a "Oprah", sulla CNN, e a molti altri programmi televisivi e radiofonici, e cura una rubrica mensile sulla rivista "Soul & Spirit". I suoi prodotti sono tradotti in tutto il mondo e sono disponibili su Kindle e altre piattaforme eBook come iTunes. Puoi ascoltarla dal vivo nella sua trasmissione radiofonica e puoi chiederle una lettura sul sito www.hayhouseradio.com.

Per informazioni su Doreen visita il sito www.doreenvirtue.it

Grant Virtue sta studiando per conseguire un dottorato in scienze infermieristiche. Al contempo lavora come coordinatore tecnico della Angel University LLc. Ex musicista, studia da sempre le discipline spirituali. Vive in Florida con sua moglie Melissa e il loro gatto.

Puoi seguirlo sul sito www.GrantVirtue.com o su Twitter: @GrantVirtue.

IN LIBRERIA

ANGELI E NUMERI
Il significato di 111, 123, 444 e altre sequenze numeriche
Doreen Virtue
Libro - 195 pagine
"Angeli e Numeri" ti spiega chiaramente come interpretare i messaggi che i tuoi angeli ti inviano sotto forma di sequenze numeriche (da 0 a 999) ripetute nei numeri di telefono, sulle targhe, nelle ricevute, sugli orologi e così via.

ANGEL THERAPY - TERAPIA DEGLI ANGELI
I messaggi degli Angeli per ogni area della tua vita
Doreen Virtue
Libro - 283 pagine
In questo libro Doreen consegna al lettore i messaggi del Regno Angelico per confortarlo e guidarlo nella gestione e risoluzione di problematiche come la depressione, la noia, la confusione e la rabbia, e nell'affrontare gli ostacoli legati alla carriera professionale, alle relazioni interpersonali, all'educazione dei figli e così via.

ABC DEGLI ANGELI
Guida all'Interpretazione dei messaggi celesti
Doreen Virtue
Libro - 144 pagine
Attraverso questa semplice guida, Doreen Virtue ti accompagna nella conoscenza dei principali Angeli che ci seguono nel nostro percorso di vita.

MESSAGGI DAL TUO ANGELO
Quello che il tuo Angelo vuole farti sapere
Doreen Virtue
Libro - 264 pagine
Un efficace strumento di divinazione che ti insegna come ricevere i messaggi inviati dai tuoi angeli personali!

IN LIBRERIA

ANGEL CARD READER
Corso completo di 3 ore e 30 minuti
Doreen Virtue, Radleigh Valentine
Video corso - 4 DVD, 1 CD MP3, schema della "Croce Celtica", certificato
Questo corso migliora le tue interpretazioni facendoti progredire al livello superiore, in modo da ricevere risposte specifiche e dettagliate per te e per le persone a cui vuoi fare una lettura angelica.

ANGELI
Corso completo di 3 ore
Doreen Virtue
Video corso - 2 DVD, 1 CD MP3, 1 CD Audio, certificato
Questo esclusivo corso ti guida alla scoperta e all'interpretazione dei messaggi angelici per realizzare lo scopo della tua vita.

I TAROCCHI DEGLI ANGELI
78 carte con miniguida per la lettura e l'interpretazione dei simboli
Doreen Virtue, Radleigh Valentine
Carte - 78 carte + libretto
Il mazzo di tarocchi è corredato di miniguida per la lettura e l'interpretazione dei simboli, così da poter cogliere in profondità il messaggio che le carte hanno in serbo per te o per la persona a cui stai facendo la lettura.

I TAROCCHI DEGLI ARCANGELI
78 carte con miniguida per la lettura e l'interpretazione dei simboli
Doreen Virtue, Radleigh Valentine
Carte - 78 carte + libretto
Grazie ai Tarocchi degli Arcangeli, puoi ricevere messaggi precisi con dolcezza, trovando la sicurezza in te stesso per agire!

Disponibili in libreria e su www.mylife.it/store